Schriften der EBS Law School

herausgegeben von
der EBS Universität für Wirtschaft und Recht

Band 12

Michael Nietsch (Hrsg.)

Compliance und soziale Verantwortung im Unternehmen

4. Wiesbadener Compliance-Tag der EBS Law School – Center for Corporate Compliance

Nomos

Die Deutsche Nationalbibliothek verzeichnet diese Publikation in der Deutschen Nationalbibliografie; detaillierte bibliografische Daten sind im Internet über http://dnb.d-nb.de abrufbar.

ISBN 978-3-8487-5066-5 (Print)
ISBN 978-3-8452-9238-0 (ePDF)

1. Auflage 2019

Vorwort

Compliance erweist sich weiterhin als bestimmender Faktor der Unternehmenspraxis. Dem Rechnung zu tragen sieht sich der jährlich stattfindende *Wiesbadener Compliance Tag* an der EBS Law School verpflichtet. Der vorliegende Tagungsband enthält die Schriftfassungen der auf der 4. Veranstaltung dieser Art gehaltenen Referate. Eingeteilt sind diese gemäß den durch die Tagung gesetzten Themenschwerpunkten Datenschutz, soziale Verantwortung von Unternehmen und das Recht der Organhaftung.

Der Themenbereich Datenschutz und internationaler Datentransfer stand und steht weiterhin vor dem Hintergrund der im Jahr 2018 inkraft getretenen Datenschutzgrundverordnung (DSGVO). Die darin vorgesehenen Verschärfungen der Sorgfaltspflichten und der deutlich erhöhte Sanktionsumfang geben nach wie vor vielfach unzureichend gewappneten Unternehmen Anlass zu umfangreichen Anpassungsprozessen. *Peter Gola* stellt die damit verbundenen Herausforderungen dar. Beachtung verdient deren Betrachtung vor allem im Lichte des technologischen Wandels und der Bedeutung von Kundendaten (die bisweilen auch als das „Gold des 21. Jahrhunderts" bezeichnet werden). Bedeutung erfährt das Thema Datenschutz aber auch nicht zuletzt deswegen, weil sich die Befürchtungen, die stillschweigend gewährte Schonfrist im Umgang mit dem neuen Recht könne schnell vorrüber sein, inzwischen bewahrheitet haben. So werden in immer kürzeren Zeitabständen neue Rekordgeldbußen gegen Unternehmen – aktuell gegen die Hotelkette Marriot und IAG, den Mutterkonzern von British Airways und Iberia – bekannt.

Ebenso wie der Datenschutz bildet auch die soziale Verantwortung kein grundlegend neues Phänomen. Anders als bei diesem ist allerdings nicht nur ein allgemeiner Bedeutungszuwachs, sondern vor allem eine bislang nicht gegebene Verrechtlichung zu verzeichnen. Als erster wahrnehmbarer Schritt gilt vielen die Nachhaltigkeitsberichtserstattung aufgrund der europäischen Richtlinie über die Angabe nichtfinanzieller Informationen und zur Diversität (2014/95/EU).[1] Nach Inkrafttreten des CSR-Richtlinie-Umsetzungsgesetzes sehen sich die Regelungsadressaten mit einer Vielzahl

---

1 Richtlinie 2014/95/EU vom 22. Oktober 2014 zur Änderung der Richtlinie 2013/34/EU im Hinblick auf die Angabe nichtfinanzieller und die Diversität betreffender Informationen durch bestimmte große Unternehmen und Gruppen.

unbestimmter Rechtsbegriffe dieses neuartigen Regelungsinstruments konfrontiert. Betroffen sind hiervon mittelbar auch viele kleine und mittlere Unternehmen, die in die Berichtskonzepte miteinbezogen werden. Die wirklichen Schwierigkeiten liegen aber tiefer, nämlich vor allem in der mangelnden Vertrautheit mit dem Phänomen der unternehmerischen Sozialverantwortung und den dahinter stehenden Erwartungen als solchen. Erhellend wirkt dabei der von *Birgit Spießhofer* auf die Entstehung und Entwicklung des Rechtsgebiets geworfene Blick. Er versteht sich im Sinne einer Grundlagenbetrachtung. Als lehrreich erweist sich in der gegebenen Situation zugleich die Befassung mit schon bestehenden Regelungsmodellen. Vorangegangen ist dem europäischen vor allem das Recht im Vereinigten Königreich. *Iris Chiu* zeigt in diesem Zusammenhang die ersten Erfahrungen mit dem Modern Slavery Act 2015 auf.

Aus dem Themenkomplex der Organisationspflichten, Compliance-Management-Systeme und Organhaftung wurden auf dem 4. Wiesbadener Compliance Tag drei Bereiche herausgegriffen. Dazu gehört zunächst die nach wie vor ungeklärte Frage des Untreuevorwurfs (§ 266 StGB) beim Fehlen oder Versagen von hinreichenden Compliance-Strukturen. *Jürgen Taschke* legt insoweit dar, weshalb von einer Ausweitung der Strafbarkeit abzusehen ist. Auch der Beitrag von *Frank Saliger* geht in der Sache der Überlegung nach, ob das Strafrecht nicht vielleicht „das bessere Gesellschaftsrecht“ ist. Anlass hierzu bildet vor allem die HSH-Nordbank-Entscheidung des BGH zur Untreuestrafbarkeit von Bankvorständen bei sorgfaltswidrigen Kreditentscheidungen. Droht bei Überschreitung des unternehmerischen Ermessensspielraums im Sinne des § 93 Abs. 1 S. 2 AktG nun *ipso iure* die Strafbarkeit? Der umfassende Blick auf die strafrechtliche Judikatur zeigt den beständigen Wandel und die Wechselwirkungen des Untreuetatbestands mit dem Gesellschaftsrecht auf. Er lässt in seiner Gesamtschau erkennen, wo aus Sicht der Strafgerichte die „rote Linie“ verläuft und gibt dem vielfach überforderten Rechtsberater wichtige Hinweise. Als bestimmender Faktor erweist sich angesichts der Unwägbarkeiten, die mit Compliance-Maßnahmen (oder besser gesagt ihrer sachlich angemessen Ausgestaltung) einhergehen schließlich die D&O-Versicherung. *Horst Ihlas* legt die Merkmale und Funktionsweise dieses hochspezialisierten Produkts dar, erläutert seine Wirkung und vermittelt, weswegen es sich nicht selten bei Entscheidungen als Zünglein an der Waage erweist.

Michael Nietsch, Wiesbaden im Jahr 2019

Inhalt

Compliance und Datenschutz: Der Mitarbeiter als Risiko – Kontrollbefugnisse und ihre Grenzen nach DS-GVO und BDSG n.F. –

Prof. Peter Gola[*]

Vorbemerkung.

Compliance bedeutet, dass die Handlungen eines Unternehmens und seiner Mitarbeiter übereinstimmen mit den geltenden Rechtsvorgaben und den selbst gesetzten Handlungs- und Verhaltensregelungen. Verstößen ist rechtzeitig vorzubeugen und gleichwohl eingetretene sind baldmöglichst aufzuklären. Sog. Internal Investigation zielen ab auf die Feststellung von Complianceverstößen und der nachfolgenden Anpassung des Systems, um deren Wiederholung soweit wie möglich auszuschließen. Objekt der diesbezüglichen präventiven und repressiven Maßnahmen sind jedoch in ihrem Persönlichkeitsrecht geschützte Mitarbeiter, d.h. das jeglichen Kontrollmaßnahmen datenschutzrechtliche Grenzen gesetzt sind.

Compliance und Datenschutz stehen damit in einem Spannungsverhältnis. Zum einen sollen Rechtsverletzungen entgegengesteuert und aufgedeckt werden und zum anderen ist dabei dem Persönlichkeitsrecht der Beschäftigten Rechnung zu tragen.

Diese datenschutzrechtlichen Grenzen werden aktuell neu gezogen. Ab dem 25. Mai 2018 werden die datenschutzrechtlichen Verpflichtungen der für eine Verarbeitung personenbezogener Daten „Verantwortlichen" (Art. 4 Ziff. 7 DS-GVO) weitgehend europaeinheitlich unmittelbar durch die EU-Datenschutz-Grundverordnung geregelt.[1] Das bisher geltende Bundesdatenschutzgesetz tritt außer Kraft und wird durch ein die Verordnung

---

* Prof. a.D. Dr. Peter Gola, Verwaltungsfachhochschule Wiesbaden, ist Ehrenvorsitzender der GDD Gesellschaft für Datenschutz u. Datensicherheit e.V.

1 Am 14.4.2016 hat das Europäische Parlament die „Verordnung des Rates und des europäischen Parlaments zum Schutz natürlicher Personen (DS-GVO)" verabschiedet. Sie ist nach Veröffentlichung im Amtsblatt der EU (Abl. 119 v. 4.5. 2016) am 25.5.2016 in Kraft getreten und wird Geltung haben ab dem 25.5.2018 (Art. 99 DS-GVO).

ergänzendes BDSG n.F.[2] ersetzt. Die Verordnung ergänzende Befugnisse des Arbeitgebers zur Mitarbeiterkontrolle enthält vorwiegend § 26 BDSG n.F.

1. Die Verordnung als Grundgesetz des Datenschutzes

1.1 Allgemeines

Zur notwendigen Vereinheitlichung des Datenschutzrechts in den EU-Staaten und seiner gleichzeitigen Modernisierung wird der Datenschutz in der EU ab dem 25. 5. 2018 in einer unmittelbar geltenden Verordnung grundsätzlich einheitlich für den öffentlichen und nicht öffentlichen Bereich neu geregelt.

Die unmittelbare Geltung der Regelungen einer Verordnung ergibt sich aus Art. 288 Abs. 2 AEUV, nach dem gemäß ihrer „Durchgriffswirkung" Verordnungen von den EU-Mitgliedstaaten nicht in nationales Recht umgesetzt werden müssen. Vielmehr besteht ein „Umsetzungsverbot", das auch Modifikationen der vorgegebenen Regelungen durch die einzelnen Mitgliedstaaten grundsätzlich untersagt. Ihre Normen gelten in den Mitgliedsstaaten unmittelbar. Stellen sich für die Gerichte diesbezüglich Auslegungsfragen, so muss der EuGH nach den Regeln des Vorabentscheidungsverfahrens angerufen werden (Art. 267 Abs. 1 lit. b AEUV).

Grundsätzlich kann positiv bewertet werden, dass die Verordnung an den Grundprinzipien des Datenschutzrechts festhält, wie sie durch Art. 8 Abs. 2 GRCh, die bis zum 24.5.2018 geltende Datenschutzrichtlinie[3] und damit auch das BDSG vorgegeben wurden. Den verschiedentlich erhobenen Forderungen nach einer das Verbot mit Erlaubnisvorbehalt aufhebenden Liberalisierung des Datenschutzrechts und einem der Informationsgesellschaft vermeintlich gerechter werdenden anders gewichteten Ausgleich zwischen dem Schutz von Geheimnissen und Privatsphäre und den Interessen der Öffentlichkeit (Wirtschaft) an freier Datennutzung und der Re-

---

2 Das BDSG n.F. ist Teil des „Gesetzes zur Anpassung des Datenschutzrechts an die Verordnung (EU) 2016/679 und zur Umsetzung der Richtlinie (EU) 2016/680 (Datenschutz-Anpassungs- und -Umsetzungsgesetz (DSAnpUG-EU)" vom 30.6. 2017; BGBl. I vom 5. 7. 2015.

3 Richtlinie 95/46/EG des europäischen Parlaments und des Rats vom 24. 10. 1995 zum Schutz natürlicher Personen bei der Verarbeitung personenbezogener Daten und zum freien Datenverkehr; Abl.281 v. 23. 11. 1995.

duzierung des Verbotsprinzips auf Teilverbote für besonders riskante Informationsvorgänge wurde nicht gefolgt.[4]
Auch die deutsche Regierung hatte große Sympathien für obige „Liberalisierungsüberlegungen“ und eine Reduzierung des allumfassenden Datenschutzes auf Risikobereiche, konnte sich damit jedoch nicht durchsetzen.[5]
Zutreffend erkannt wurde, dass das Verbotsprinzip, welches das Recht auf informationelle Selbstbestimmung umsetzt, mehr Rechtssicherheit gibt als eine grundsätzliche Erlaubnis der Datenverarbeitung mit speziellen Verbotsvorbehalten. Verzichtet wurde auf einen umfassenden Paradigmenwechsel zu einem auf einem sogenannten „Sphärenmodell“[6] aufsetzenden, risikobasierten Werteansatz.[7]
Nach geltendem und zukünftigen Datenschutzrecht steht jede Verarbeitung von Beschäftigtendaten unter einem Verbot mit Erlaubnisvorbehalt, d.h. sie bedarf, wenn sie ohne Erlaubnis der betroffenen Person erfolgt, einer Rechtsgrundlage, die den Eingriff nach Abwägung der Grundsätze der Erforderlich- und Verhältnismäßigkeit gestattet.

1.2 Nationale Regelung des Beschäftigtendatenschutzes

Trotz des Ziels der Harmonisierung des europäischen Datenschutzrechts kann und wird die DS-GVO jedoch auch weiterhin durch nationales Recht verdrängt beziehungsweise besser präzisiert und ergänzt werden.
Der weiterhin teilweise zulässige „Vorrang“ nationalen Rechts ergibt sich aus der großen Zahl der in der DS-GVO enthaltenen „Öffnungsklauseln“. Schließlich kann man – je nach Zählweise – 50 bis 60 derartiger Klauseln feststellen. Einige geben den Mitgliedsstaaten einen Handlungsauftrag; an-

---

4 Aus der Zahl der dies kritisierender Stimmen: Bull, Sinn und Unsinn des Datenschutzes, 2015; Grimm, Der Datenschutz vor einer Neuorientierung, JZ 2013, 585; Schneider/Härting, Datenschutz in Europa – Plädoyer für einen Neubeginn, CR 2014, 306; Roßnagel, Wie zukunftsfähig ist die Datenschutz-Grundverordnung?, DuD 2016, 561.

5 Vgl. Albrecht, Das neue EU-Datenschutzrecht – von der Richtlinie zur Verordnung, CR 2016, 88.

6 Hierzu positiv: Eckhardt/Kramer/Mester, Auswirkungen der geplanten EU-Datenschutz-Grundverordnung auf das deutsche Datenschutzrecht, DuD 2013, 289; Karg, Die Renaissance des Verbotsprinzips im Datenschutz, DuD 2013, 75; Weichert, Wider das Verbot mit Erlaubnisvorbehalt im Datenschutz?, DuD 2013, 246.

7 Zu gleichwohl angemessenen risikoausgerichteten Regelungen der DS-GVO vgl. Buchner, Grundsätze und Rechtmäßigkeit der Datenverarbeitung unter der DS-GVO, DuD 2016, 155

dere – und das ist die Mehrzahl – eröffnen einen in das Ermessen der Staaten gestellten Handlungsspielraum.[8]
Dies gilt auch für den Beschäftigtendatenschutz. Für den Bereich des Beschäftigtendatenschutzes (Processing in employment context) geschieht letzteres ausdrücklich in Art. 88 DS-GVO. Danach können die Mitgliedstaaten zur Gewährleistung des Schutzes der Rechte und Freiheiten im Beschäftigungsverhältnis, eigene konkretisierende Regelungen („more specific rules") für die Verarbeitung von für im Arbeitsverhältnis bestehender Aufgaben erforderlicher Daten selbst durch entsprechende Gesetzgebung schaffen oder aber auch schaffen lassen, indem sie einschlägige „kollektiv Agreements" zulassen, womit Tarifverträge und Betriebs- und Dienstvereinbarungen gemeint sind.[9] Auch wenn Art. 88 DS-GVO den Fall nicht ausdrücklich erwähnt, können auch bereits bestehende Beschäftigtendatenschutzregelungen ohne erneute Bestätigung fortbestehen.[10] In beiden Fällen gibt Art. 88 DS-GVO jedoch inhaltliche Kriterien vor. Dazu zählen die Forderungen des Art. 88 Abs. 2 DS-GVO nach der zu gewährleistenden Transparenz, Vorhersehbarkeit und Grundrechtegarantie. Der Handlungsspielraum ist zudem grundsätzlich insofern begrenzt, als dass das mit der Verordnung gewollte Prinzip der Vollharmonisierung als Vorgabe gilt.[11]
Eine weitere den Beschäftigtendatenschutz betreffende Öffnungsklausel betrifft den öffentlichen Dienst, d.h. die bei der Erledigung der dort zu erledigenden öffentlichen Aufgaben und der dazu ggf. auszuübenden öffentlichen Gewalt (Art. 6 Abs. 1 lit. e DS-GVO) eingesetzten Beschäftigten. Art. 6 Abs. 2 DS-GVO gestattet den Mitgliedsstaaten insoweit spezifische Regelungen zu erlassen. Der ausdrückliche Einbezug der besonderen, Verarbeitungssituationen des Kapitels IX der Verordnung, zu denen auch der Beschäftigtendatenschutz zählt, verdeutlicht die spezielle Regelungskompetenz, nicht nur des Bundes, sondern auch der Bundesländer.

---

8 Vgl. Roßnagel/Nebel/Richter, Was bleibt vom Europäischen Datenschutzrecht? Überlegungen zum Ratsentwurf der EU-DS-GVO, ZD 2015, 455.

9 Vgl. auch den Hinweis in Erwägungsgrund 124 der Verordnung auf sog. "Werks Agreements".

10 Gola/Pötters/Thüsing, Art. 82 DS-GVO: Öffnungsklausel für nationale Regelungen zum Beschäftigtendatenschutz – Warum der nationale Gesetzgeber jetzt handeln muss, RDV 2016,561; Maier, Der Beschäftigtendatenschutz nach der Datenschutz-Grundverordnung, DuD 2017, 169.

11 Kühling/Martini et al., Die Datenschutz-Grundverordnung und das nationale Recht, 2016.

2. *Das DS-AnpUG und § 26 BDSG n.F.*

2.1 *Allgemeines*

Mit dem EU – DSAnpUG-EU)[12] hat der Bundesgesetzgeber von diesen Öffnungsklauseln Gebrauch gemacht. Den Mittelpunkt des Gesetzes bildet eine Neufassung des BDSG mit einer bereichsspezifischen Erlaubnisnorm zur Verarbeitung von Beschäftigtendatenschutzes in § 26 BDSG n.F.[13] Als Erlaubnisnorm zur Kontrolle des compliancegerechten Verhaltens der Beschäftigten kommt § 26 Abs. 1 BDSG n.F. mit seinen Sätzen 1 und 2 in Betracht. Diese die bisherige Beschäftigtendatenschutznorm des § 32 BDSG a.F. fortschreibende Bestimmung tritt jedoch zurück, d.h. ist subsidiär, wenn ein bestimmter Verarbeitungsvorgang bereits anderweitig bundesrechtlich geregelt ist.

2.2 *Die Subsidiarität des § 26 BDSG n.F. (§ 1 Abs. 2 S. 1 BDSG n.F.)*

2.2.1 *Gesetzliche Complianceverpflichtungen*

Auch das neue BDSG ist als Auffanggesetz konzipiert, es tritt gegenüber spezifischen Rechtsvorschriften des Bundes zurück (§ 1 Abs. 2 S. 1 BDSG n.F.). Durch § 1 Abs. 2 Satz 2 BDSG n.F. wird jedoch ergänzend klargestellt, dass die jeweilige bereichsspezifische Spezialregelung nur vorrangig ist, wenn Tatbestandskongruenz besteht, d.h. der Sachverhalt deckungsgleich ist. Dies ist im Einzelfall nach den Tatbeständen des jeweiligen bereichsspezifischen Gesetzes zu beurteilen. So wie auch zuvor nach § 4 Abs. 1 BDSG[14] a.F. rechtfertigt eine Norm außerhalb des BDSG eine Datenverarbeitung nur, wenn sie eine konkrete Aussage bezüglich der Art der Daten und ihrer Zweckbestimmung macht. Es genügt nicht, dass lediglich „abstrakt“ eine Aufgabe beschrieben wird, zu deren Erfüllung ggf. personenbezogene Daten benötigt werden.[15] Ggf. kann es aber im Einzelfall genügen, wenn sich diese Fragen durch Auslegung der Norm ermitteln lassen.[16]

---

12 Siehe Fußnote 2.

13 Gola, Der neue Beschäftigtendatenschutz nach § 26 BDSG n.F., BB 2017, 1462.

14 Vgl. Gola/Schomerus, BDSG, 12 Aufl., § 4 Rdn. 24 ff.

15 Vgl. Dix in: Simitis (Hrsg.), BDSG § 1 Rdn. 170; Sokol in: Simitis, BDSG § 4 Rn. 15; Bergmann/Möhrle/Herb, BDSG § 4 Rn. 17.

16 Bäker in: Wolff/Brink, DatenschutzR, BDSG § 4 Rn. 6.

Demgemäß ist zunächst zu erörtern, ob die verschiedenen Normen, die ein Unternehmen zu Compliancemaßnahmen verpflichten, i. d. R. den Anforderungen an eine Datenverarbeitungserlaubnisnorm nicht genügen.
So verpflichtet § 91 Abs. 2 AktG den Vorstand einer Aktiengesellschaft geeignete Maßnahmen zu treffen, insbesondere ein Überwachungssystem einzurichten, um Entwicklungen, die den Fortbestand der Gesellschaft gefährden, früh zu erkennen. Er hat im Rahmen seiner Sorgfaltspflicht sicherzustellen, dass die Unternehmensangehörigen den ihnen übertragenen Aufgaben ordnungsgemäß nachkommen. Die konkrete Gestaltung des Überwachungssystems bleibt offen.[17] Damit hat der Vorstand bei Ausübung seines Leitungsermessens die datenschutzrechtlichen Grenzen des § 26 BDSG n.F. zu beachten.
Gleiches gilt für branchenspezifische Spezialregelungen der Kredit und Wertpapierinstitute. § 25a KWG begründet explizit die Pflicht für ein angemessenes Risikomanagement zu sorgen, welches die Errichtung eines internen Kontrollsystems enthalten muss.
Nach § 33 WpHG sind ebenfalls Wertpapierhandelsunternehmen zur Errichtung einer dauerhaften und wirksamen Compliance-Funktion verpflichtet.[18]
Offen in seinem Vollzug ist auch § 6 GWG. Nach Abs. 1 haben Verpflichtete angemessene geschäfts- und kundenbezogene interne Sicherungsmaßnahmen zu schaffen, um die Risiken von Geldwäsche und von Terrorismusfinanzierung in Form von Grundsätzen, Verfahren und Kontrollen zu steuern und zu mindern. Angemessen sind solche Maßnahmen, die der jeweiligen Risikosituation des einzelnen Verpflichteten entsprechen und diese hinreichend abdecken, wobei nach Abs. 2 Nr. 5 als interne Sicherungsmaßnahmen die Überprüfung der Mitarbeiter auf ihre Zuverlässigkeit durch geeignete Maßnahmen, insbesondere durch Personalkontroll- und Beurteilungssysteme der Verpflichteten gehört.
Da diese allgemein gehaltene Vorschriften das Unternehmen, also konkret den Arbeitgeber nur allgemein zu Compliance gewährleistende Kontrollmaßnahmen verpflichten, genügen sie den Anforderungen an eine den Eingriff in das verfassungsrechtliche gewährleistete Recht auf informationelle Selbstbestimmung gestattende Norm nicht und haben keinen Vorrang vor § 26 BDSG n.F. nach § 1 Abs. 2 des Gesetzes. Vielmehr müssen sie den datenschutzrechtlichen Vorschriften genügen.

---

17 Thüsing, Beschäftigtendatenschutz und Compliance, 2. Aufl., § 2 Rdn. 15.
18 Thüsing, Beschäftigtendatenschutz und Compliance, § 2 Rdn. 2.

2.2.2 *Gewährleistung rechtskonformer Datenverarbeitung aus der DS-GVO*

a) Keine Verarbeitungserlaubnisnormen in den Sicherheitsverpflichtungen der DS-GVO

Keine vorrangigen Erlaubnisnormen enthalten auch die den Verantwortlichen von der DSG-GVO auferlegten Kontrollverpflichtungen.
Ebenso wie es § 9 BDSG a.F. formuliert, verpflichtet die DS-GVO den Arbeitgeber zunächst in Art. 5 Abs. 1 lit. f, in dem die nachfolgend präzisierten Grundsätze für die Verarbeitung personenbezogener Daten festgeschrieben werden, durch geeignete und angemessene technische und organisatorische Maßnahmen "Integrität und Vertraulichkeit" der Daten sicherzustellen.
Nach Art. 5 Abs. 2 DS-GVO ist der Verantwortliche hinsichtlich der Einhaltung dieser Verpflichtung nachweis- d.h. rechenschaftspflichtig (accountability).
In Art. 24 DS-GVO, wird diese Pflicht wiederholt. Der Verantwortliche muss sicherzustellen und den Nachweis dafür erbringen, dass die Verarbeitung gemäß der Verordnung erfolgt.
Art. 32 DS-GVO konkretisiert die Vorgaben hinsichtlich der Sicherheit der Verarbeitung unter Nennung geeigneter Maßnahmen und den dabei zu wahrenden Verhältnismäßigkeitsgrundsatz. *„Bei der Beurteilung des angemessenen Schutzniveaus sind insbesondere die Risiken zu berücksichtigen, die mit der Verarbeitung – insbesondere durch Vernichtung, Verlust oder Veränderung, ob unbeabsichtigt oder unrechtmäßig, oder unbefugte Offenlegung von beziehungsweise unbefugten Zugang zu personenbezogenen Daten, die übermittelt, gespeichert oder auf andere Weise verarbeitet wurden – verbunden sind.*“[19]
Nach § 32 Abs. 4 DS-GVO hat der Arbeitgeber Schritte zu unternehmen, dass ihm unterstellte Personen, die Zugang zu personenbezogenen Daten haben, diese nur auf Anweisung verarbeiten. Dabei geht es nicht nur um die Anweisung selbst, sondern auch um die Kontrolle deren Einhaltung
Des Weiteren fordert § 22 Abs. 2 S. 2 Nr. 9 BDSG n.F. insbesondere im Falle der Verarbeitung sensibler Daten gem. Art. 9 Abs. 1 DS-GVO als eine die Interessen der Betroffenen wahrende Schutzmaßnahme *„zur Gewährleistung der Sicherheit der Verarbeitung die Einrichtung eines Verfahrens zur regelmäßigen Überprüfung, Bewertung und Evaluierung der Wirksamkeit der technisch und organisatorischen Maßnahmen“*. Erforderlich sind insoweit auch präventive und repressive Kontrollen.

---

19 Franck, Datensicherheit als datenschutzrechtliche Anforderung. CR 2016, 23.

Da die Datensicherheit auch durch fahrlässiges oder vorsätzliches Handeln von Mitarbeitern beeinträchtigt sein kann, müssen die sie gewährleistenden organisatorischen Maßnahmen und die Kontrollverfahren auch diesen Aspekt speziell im Auge haben, wobei dem im BDSG n.F. bereichsspezifisch geregelten Beschäftigtendatenschutz Rechnung zu tragen ist.

b) Die Nachweispflicht

Für die Installation von Schutz- und Überwachungsmaßnahmen sind die Verantwortlichen nachweispflichtig, d.h. die Unternehmen haben die Rechtskonformität ihrer Datenverarbeitung und der diesbezüglich vorgeschriebenen technischen und organisatorischen Maßnahmen und Regelungen zu belegen (Rechenschaftspflicht).[20] Der Nachweis wird i.d.R. anhand einer entsprechenden Dokumentation zu führen sein.[21]
Die Nachweispflicht wird dem Verantwortlichen erleichtert, wenn er sich auf die Einhaltung genehmigter Verhaltensregelungen (Art. 40 DS-GVO)[22] oder eine Zertifizierung der Verarbeitung (Art. 42 DS-GVO)[23] berufen kann. Eine ihrer Aufgaben ist es nach ErwGr. 77 den Verantwortlichen und Auftragsverarbeitenden Anleitungen zur Ermittlung des Risikos einer Verarbeitung und dem Nachweis der erforderlichen Maßnahmen zu geben. Das gilt nach Art. 24 Abs. 3 DS-GVO für den Nachweis und die Sicherstellung der gebotenen technischen und organisatorischen Datenschutzmaßnahmen, nach Art. 25 Abs. 3 DS-GVO hinsichtlich der Berücksichtigung der Grundsätze der Gestaltung des Datenschutzes durch datenschutzfreundliche Technik, nach Art. 28 Abs. 5 DS-GVO zum Nachweis angemessener Garantien bei der Auftragsverarbeitung und nach Art. 32 Abs. 3 DS-GVO zum Nachweis der Erfüllung der in Art. 32 Abs. 1 DS-GVO geforderten und zu dokumentierenden Sicherheit der Verarbeitungen, in Art. 46 Abs. 2 lit. e und f DS-GVO für Drittlandsübermittlungen

---

20 Gardyan-Eisenlohr/Knöpfle, Accountability für Datenschutz in einem globalen Unternehmen, DuD 2017, 69.

21 Lepperhoff, Dokumentationspflichten in der DS-GVO. RDV 2016, 197.

22 Bergt, Verhaltensregeln als Mittel zur Beseitigung der Rechtsunsicherheit in der Datenschutz-Grundverordnung. Wie ein Unternehmen mit nur einer Maßnahme EU-weit Datenschutz-Compliance erreichen kann, CR 2016, 670; Spindler, Selbstregulierung und Zertifizierungsverfahren nach der DS-GVO – Reichweite und Rechtsfolgen der genehmigten Verhaltensregeln. ZD 2016, 407.

23 Kraska: Datenschutzzertifizierungen in der EU-Datenschutzgrundverordnung, ZD 2016, 153.

oder nach Art. 35 Abs. 8 DS-GVO für Verhaltensregelungen hinsichtlich der Rechtmäßigkeitsbeurteilung bei der Datenschutz-Folgenabschätzung.

c) Bußgeldbewehrtheit

Die Nichtbeachtung des Art. 5 DS-GVO und des Art. 32 DS-GVO ist bußgeldbewehrt (Art. 83 Abs. 5 lit. a, Abs. 4 lit. a DS-GVO).[24] Das gilt auch hinsichtlich der Nachweispflicht. Wird Art. 32 DS-GVO nicht angemessen erfüllt, kann dies ferner bei hierdurch eingetretenen anderen Rechtsverletzungen nach Art. 83 Abs. 2 lit. d DS-GVO die Höhe des Bußgelds beeinflussen.

Zu beachten ist die immense Erhöhung der Zahl der bußgeldsanktionierten Tatbestände und der Höhe des zu zahlenden Bußgeldes. Der Höchstsatz liegt in Abhängigkeit von der Art des Verstoßes bei Geldbußen von bis zu 20 Millionen Euro oder bei bis zu 4 % des gesamten im vergangenen Jahres weltweit erzielten Jahresumsatzes eines Unternehmens.[25], wobei fraglich bleibt, ob hierbei der in Art. 4 Nr. 18 DS-GVO definierte Unternehmensbegriff oder ein funktionaler Unternehmensbegriff gemeint ist. Nach ErwGr. 150 soll nicht der "Unternehmens"-Begriff i.S.d. der Definition des Art. 4 Nr. 18 DS-GVO, sondern der im Sinne der Artikel 101 und 102 AEUV gelten. Gemeint ist hier ein weiter, mit dem Unternehmensbegriff des europäischen Kartellrechts vergleichbarer funktionaler Unternehmensbegriff. Mit anderen Worten: sofern das geahndete Unternehmen zu einer Unternehmensgruppe bzw. einem Konzern gehört, wäre nicht allein der Jahresumsatz des eigentlichen Verantwortlichen oder Auftragsverarbeiters, sondern der der gesamten Unternehmensgruppe maßgeblich.[26] Angeknüpft wird nicht an das Rechtssubjekt, sondern an das Marktverhalten der wirtschaftlichen Einheit insgesamt. In der umstrittenen Interpretation der Bestimmung wird zweifelsohne der EuGH bei einer ersten diesbezüglichen Bußgeldbemessung das letzte Wort haben.[27]

---

24 Zu den sich insoweit ggf. ergebenden Problemen hinsichtlich des Bestimmtheitsgebots: Bergt, Sanktionierung von Verstößen gegen die Datenschutz-Grundverordnung, DuD 2017, 555 (560).

25 Faust/Spittka/Wybitul, Milliardenbußgelder nach der DS-GVO? Ein Überblick über die neuen Sanktionen bei Verstößen gegen den Datenschutz, ZD 2016, 120.

26 So das BayLDA, www. lda.bayern.de; Eu-DS-GVO, VII Sanktionen nach der DS-GVO.

27 Krohm, Die wirtschaftliche Einheit als Bußgeldadressat unter der Datenschutz-Grundverordnung? RDV 2017, 147.

In welchem Umfang die Aufsichtsbehörden diesen Rahmen ausschöpfen werden, bleibt abzuwarten. Der Gesetzgeber hat jedoch im Hinblick auf die neuen Möglichkeiten nunmehr den Landgerichten die Zuständigkeit zur Entscheidung über Beschwerden gegen Datenschutzbußgeldbescheide zugewiesen, wenn die festgesetzte Geldbuße den Betrag von einhunderttausend Euro übersteigt. (§ 41 Abs. 1 S. 2 BDSG n.F.).

3. Der Beschäftigtendatenschutz

3.1 Allgemeines

Die den diesbezüglichen Datenschutz konkretisierende Rechtsgrundlage nach der sich Datenerhebungen, -auswertungen und ggf. -übermittlung im Rahmen sogenannter Internal Investigations, d.h. privater Ermittlungen des Arbeitgebers bei vermuteten Rechtsverstößen auszurichten haben, findet sich zur Zeit in § 32 Abs. 1 BDSG bzw. ab dem 25. 5. 2018 in dem diese Norm insoweit fortschreibenden § 26 Abs. 1 BDSG n.F.. Dies ist unabhängig davon, ob die Untersuchung durch einen Verdacht eines Verstoßes gegen Gesetze oder sonstige interne Regeln veranlasst ist, oder ob es sich um eine verdachtsunabhängige Untersuchung handelt, welche der Vorbeugung von Verstößen oder der Überprüfung der bestehenden Kontrollsysteme dienen soll. Gleichwohl enthält diese bereichsspezifische Regelung des Beschäftigtendatenschutzes keine abschließende Schutzfunktion. Daneben greift auch weiterhin neben den Regelungen der DS-GVO und dem BDSG n.F. der allgemeine Persönlichkeitsrechtschutz aus Art. 1 Abs. 1 und 2 Abs. 1 GG in Form des auch im Arbeitsverhältnis bestehenden Rechts auf informationelle Selbstbestimmung[28] und speziell der den Betriebsparteien aufgegebene Schutzauftrag zur Wahrung und Förderungen der freien Entfaltung der Persönlichkeit der Beschäftigten in § 75 Abs. 2 BetrVG.[29]

Die Beschäftigtendatenschutznormen der BDSG-Fassungen weisen zwei Zulässigkeitstatbestände auf. In den Abs. 1 S. 1 wird jegliche Form der Verarbeitung von Beschäftigtendaten gestattet, wenn sie erforderlich ist im Rahmen der Begründung, Durchführung oder Beendigung des Beschäftigungsverhältnisses. Des Weiteren erlauben die jeweiligen Abs. 1 S. 2 die Erhebung und weitere Verarbeitung von Beschäftigtendaten zur Aufdeckung

---

28 Vgl. bei Kort, Die Zukunft des deutschen Beschäftigungsdatenschutzes, ZD 2016, 555 oder BAG, Urt. vom 20. 6. 2013–2 AZR 546/121.

29 BAG, Urt. vom 15. 4. 2014–1 ABR 2/13.

von Straftaten, „wenn zu dokumentierende tatsächliche Anhaltspunkte den Verdacht begründen, dass der Betroffene im Beschäftigungsverhältnis eine Straftat begangen hat, die Verarbeitung zur Aufdeckung erforderlich ist und das schutzwürdige Interesse an dem Ausschluss der Verarbeitung nicht überwiegt, insbesondere Art und Ausmaß im Hinblick auf den Anlass nicht unverhältnismäßig ist."[30]

Das Konkurrenzverhältnis dieser beiden Erlaubnistatbestände war bzw. ist umstritten, da der Gesetzgeber es auch im § 26 Abs. 1 BDSG n.F. unklar lässt, wie Satz 1 und Satz 2 zu einander stehen und ob Satz 2 eine abschließende, den Satz 1 verdrängende Regelung ist. Demgemäß musste sich die Rechtsprechung wiederholt mit der Frage befassen, ob neben einem Straftatsverdacht auch der Verdacht einer nicht strafrechtlich relevanten schweren Vertragsverletzung nach den Regeln des Satzes 2 aufgeklärt werden darf.[31]

3.2 Die Reichweite des § 32 Abs. 1 S. 2 bzw. § 26 Abs. 1 S. 2 BDSG n.F.

Das BAG hatte bereits in zurückliegenden Entscheidungen die Kontrollbefugnisse des Arbeitgebers auch auf nicht strafrechtlich relevante Vertragsverletzungen, wie z.B. Wettbewerbsverstößen oder vorgetäuschte Arbeitsunfähigkeit erstreckt und ggf. zu deren Aufklärung eine geheime Überwachung durch einen Detektiv gestattet und bei Berechtigung der Überwachung den Beschäftigten zur Erstattung der Detektivkosten verpflichtet.[32] Anderenfalls konnte die heimliche Überwachung zum Anspruch des Beschäftigten auf eine Geldentschädigung führen.[33] Ferner hat es eine verdeckte Videoüberwachung von Arbeitnehmern, die in einem öffentlich zugänglichen Arbeitsplatz tätig sind, über den Erlaubnisrahmen des Wortlauts des diesen Überwachungsfall speziell regelnden § 6b BDSG (demnächst § 4 BDSG n.F.) hinausgehend im Falle des Verdacht von Straftaten oder sonstigen schweren, strafrechtlich nicht relevanten Pflichtverletzungen zugelassen.[34] Es sah eine heimliche Überwachung dann als zulässig an,

30 Vgl. zur diesbezüglichen Videoüberwachung nach DS-GVO und BDSG n.F. : Lachenmann, Neue Anforderungen an die Videoüberwachung, ZD 2017, 407 (410).

31 Diverse Anregungen zu einer diesbezüglichen gesetzlichen Regelung in den Anhörungen vor Erlass des BDSG n.F. hat der Gesetzgeber negiert; vgl. Gola/Thüsing/Schmidt, Was wird aus dem Beschäftigtendatenschutz?, DuD 2017, 244.

32 BAG, Urt. v. 26. 9. 2013 – 8 AZR 1016/13.

33 BAG, Urt. 19. 2. 2015 – 8 AZR 1007/13.

34 BAG, Urt. v. 21. 6. 2012 – 2 AZR 153/11.

wenn gegen einen zumindest räumlich und funktional abgrenzbaren Kreis von Arbeitnehmern der konkrete Verdacht einer strafbaren Handlung oder einer anderen schweren Verfehlung zu Lasten des Arbeitgebers besteht und die verdeckte Überwachung – nach Ausschöpfung möglicher weniger einschneidender Mittel – das einzig verbleibende Mittel darstellt und unter Beachtung des Verhältnismäßigkeitsprinzips erfolgt. Ein anderes Ergebnis, würde *„die durch Art. 12 Abs. 1, 14 Abs. 1 GG geschützten Integritätsinteressen des Arbeitsgebers“* in verfassungsrechtlich nicht akzeptabler Weise beeinträchtigen. In einer jüngeren Entscheidung dehnte das BAG[35] den Kreis der zulässigerweise heimlich Beobachteten aus. Eine verdeckte Videoüberwachung zur Aufdeckung von Straftaten von Beschäftigten darf nach § 32 Abs. 1 S. 2 BDSG nicht nur dann erfolgen, wenn sichergestellt ist, dass von ihr ausschließlich konkret verdächtigte Arbeitnehmer betroffen sind. Auch wenn der Kreis der Verdächtigen möglichst weit eingegrenzt werden muss, ist es nicht zwingend notwendig, eine Video-Überwachungsmaßnahme so einzuschränken, dass sie ausschließlich verdächtigte Personen erfasst. Jedenfalls wenn es kein milderes Mittel zur Aufklärung eines gegen bestimmte Beschäftigte bestehenden Verdachts gibt als eine verdeckte Videoüberwachung, die auch andere Arbeitnehmer miterfasst, ist nach § 32 Abs. 1 Satz 2 BDSG der Eingriff auch in deren allgemeines Persönlichkeitsrecht gerechtfertigt.

Bei ihren Überlegungen zur Zulässigkeit der Beschäftigtenüberwachung setzt die Entscheidung auch für Überwachungen im Anwendungsbereich des § 6b BDSG[36], d.h. der Überwachung von öffentlich zugänglichen Räumen, bei § 32 Abs. 1 S. 2 BDSG an, wobei sie aus dieser Norm Eingriffe in das Recht der Arbeitnehmer am eigenen Bild als „ultima ratio“ für den Fall eines konkreten Verdachts einer strafbaren Handlung oder einer anderen schweren Verfehlung zu Lasten des Arbeitgebers als gerechtfertigt ansieht. Sind die Voraussetzungen nach § 32 Abs. 1 Satz 2 BDSG gegeben, so sei die Maßnahme im Verhältnis zu den von ihr betroffenen Arbeitnehmern auch nach § 6b Abs. 1 Nr. 3 BDSG zulässig. Das Gebot der Kenntlichmachung bei der Videoüberwachung öffentlich zugänglicher Räume gem. § 6b Abs. 2 BDSG sei in diesem Falle keine Voraussetzung für die Rechtmäßigkeit der Videoüberwachung.

Hinsichtlich der Anforderungen an den die Überwachung rechtfertigenden konkreten Tatverdacht hat es den Tatbestand dahingehend konkreti-

---

35 BAG, Urt. v. 20. 10. 2016 – 2 AZR395/15.
36 BAG, Urt. v. 22. 9. 2016 – 2 AZR 848/15.

siert,[37] dass § 32 Abs. 1 Satz 2 BDSG lediglich einen "einfachen" Verdacht im Sinne eines Anfangsverdachts voraussetzt, der jedoch über vage Anhaltspunkte und bloße Mutmaßungen hinausreichen muss.
Selbst wenn schließlich bei einer – ggf. sogar unzulässigen – Überwachung als so genannter „Zufallsfund" eine andere Verfehlung aufgedeckt wird (z.B. eine zum Ausgleich von Kassendifferenzen geführte „Klüngelkasse"[38] oder ein Diebstahl durch einen zufällig in die Überwachung Geratenen[39]), so können auch diese Erkenntnisse verwertet werden, wenn ihre Aufdeckung unter dem Gesichtspunkt der Verhältnismäßigkeit gerechtfertigt ist. Für den Fall der Klüngelkasse traf das jedoch nicht zu. Eine heimliche Videoüberwachung zum Nachweis der Absicht, sich einige Münzen im Wert von Centbeträgen zuzueignen, bewertete das Gericht als unverhältnismäßig.
Eine aktuelle Entscheidung des BAG[40] versucht nun die obigen Aussagen zu ordnen und zu systematisieren. Das BAG schafft zunächst dahingehend Klarheit, dass § 32 Abs. 1 S. 2 BDSG bzw. zukünftig § 26 Abs. 1 S. 2 BDSG n.F. keine abschließende Regelungen beinhalten. Um auch nicht strafrechtlich relevante Vertragsverletzungen aufklären zu können, greift das Gericht nicht, wie es Stimmen der Literatur[41] bisher empfohlen haben, auf einen entsprechende Anwendung des § 32 Abs. 1 S. 2 BDSG zurück, sondern prüft die Zulässigkeit einer verdeckten Überwachungsmaßnahme durch einen Detektiv zwecks Aufdeckung eines auf Tatsachen gegründeten konkreten Verdachts einer schwerwiegenden Pflichtverletzung des Arbeitnehmers nach § 32 Abs. 1 Satz 1 BDSG, wobei es jedoch die Kriterien des Abs. 1 S. 2 heranzieht. Dieses Vorgehen begründet es u.a. damit, dass Maßnahmen zur Aufdeckung einer Straftat in der Regel besonders intensiv in das allgemeine Persönlichkeitsrecht eingreifen. Dies sei insbesondere bei einer zu diesem Zweck erfolgenden (verdeckten) Überwachung von Beschäftigten der Fall, weshalb die – von der Gesetzesbegründung in Bezug genommenen – restriktiven Grundsätze der hierzu ergangenen Rechtsprechung in § 32 Abs. 1 Satz 2 BDSG gesondert kodifiziert wurden. Die Vorschrift soll hinsichtlich der Eingriffsintensität damit vergleichbare Maßnahmen erfassen.[42] Eine „Sperrwirkung" des § 32 Abs. 1 Satz 2 BDSG ge-

37 BAG, Urt. v. 20. 10. 2016 – 2 AZR 395/15.
38 BAG, Urt. v. 21. 11. 2013 – 2 AZR 797/11.
39 BAG, Urt. v. 22.9.2016 – 2 AZR 848/15.
40 BAG, Urt. v. 29.6.2017 – 2 AZR 597/16.
41 ErfK/Franzen 17. Aufl. § 32 BDSG Rn. 31, der allerdings unmittelbar § 32 Abs. 1 Satz 2 BDSG auch für den Fall vergleichbarer Verdachtsfälle für anwendbar hält.
42 BAG. Urt. v. 12.2. 2015 – 6 AZR 845/13.

genüber der Erlaubnisnorm in Satz 1 der Bestimmung in Fällen, in denen der Arbeitgeber „nur" einen – auf Tatsachen gestützten und ausreichend konkreten – Verdacht einer schwerwiegenden Pflichtverletzung des Arbeitnehmers nicht aber den einer im Beschäftigungsverhältnis begangenen Straftat hat, lasse sich weder aus dem Wortlaut von § 32 Abs. 1 BDSG, noch seiner Systematik oder seinem Sinn und Zweck bzw. der Gesetzeshistorie ableiten. Die Gesetzesbegründung mache vielmehr deutlich, dass eine solche Sperrwirkung weder gewollt war noch mit den kollidierenden Interessen des Arbeitgebers im Einklang stünde.

Maßgebend dafür, dass die für die Aufklärung eines konkreten begründeten Verdachts einer Straftat- oder Vertragsverletzungen aufgestellten restriktiven Kriterien greifen, ist die jeweilige Eingriffsintensität. Einen dem § 32 Abs. 1 S. 2 BDSG vergleichbaren Fall erkannte das BAG[43] z.B. nicht im Rahmen einer vor einer Verdachtskündigung zur Aufklärung eines dringende Verdacht einer Straftat oder schweren Pflichtverletzung erfolgenden Anhörung des Beschäftigten, wobei es dann offen ließ, ob die sich aus dem arbeitsrechtlichen Fairnessgebot ergebende Datenerhebung datenschutzrechtlich aus § 32 Abs. 1 S. 1 oder § 28 Abs. 1 S. 1 Nr. 2 BDSG, d.h. demnächst § 26 Abs. 1 S. 1 BDSG n.F. bzw. Art. 6 Abs. 1 lit. f DS-GVO ergebe. Die Entscheidung macht dabei zwei wesentliche Aspekte deutlich. Nämlich einmal, dass bei nicht der Zweckbestimmungen des § 32 Abs. 1 BDSG bzw. § 26 Abs. 1 BDSG n.F. dienende, sog. „beschäftigungsfremden" Verarbeitungen von Beschäftigtendaten diese in den allgemeinen Interessenabwägungsklauseln des BDSG bzw. der DS-GVO einen Erlaubnistatbestand finden und dass zum anderen beide Zulässigkeitstatbestände zu den gleichen Ergebnissen führen müssen. Für das Ergebnis der Bewertung der Zulässigkeit ergibt sich kein Unterschied, da der Erforderlichkeitsgrundsatz jeweils eine am Verhältnismäßigkeitsprinzip auszurichtende Interessenabwägung verlangt.

3.3 *Präventive Kontrollen nach § 32 Abs. 1 S. 1 bzw. § 26 Abs. 1 S. 1 BDSG n.F.*

3.3.1 *Allgemeines*

Datenerhebungen, die im Rahmen des Direktionsrechts des Arbeitgebers der Organisation der Arbeitsabläufe und der Kontrolle der Einhaltung der

---

43 BAG, Urt. v. 12. 2. 2015 – 6 AZR 845/13.

diesbezüglichen Pflichten dienen, können derzeit aus § 32 Abs. 1 S. 1 BDSG, bzw. demnächst § 26 Abs. 1 S. 1 BDSG n.F. gerechtfertigt sein.
Nicht mehr hinsichtlich ihrer Zulässigkeit diskutiert werden automatisierte Zeiterfassung oder Zutrittskontrollsysteme, wobei insoweit jedoch fallbezogen hinterfragt werden muss, ob die Identifizierung des Beschäftigten mit biometrischen Daten wie Fingerabdrücken verhältnismäßig ist.[44] Anderes gilt im Rahmen der Zutrittskontrolle in sicherheitsrelevante Bereiche, also z.B. zum Rechenzentrum, wobei wiederum eine Speicherung von „Zutrittsdaten" nur im Ausnahmefall und kurzfristig erfolgen darf. Da diese biometrischen, der Identifikation der Beschäftigten dienenden Daten (Art. 4 Nr. 14 DS-GVO) zu den unter einem besonderen Schutz stehenden besonderen Arten personenbezogener Daten gehören (Art. 9 Abs. 1 DS-GVO) zählen, müssen die Voraussetzungen des § 26 Abs. i.V.m. § 22 Abs. 2 BDSG n.F. für ihre Verarbeitung vorliegen.
Auch sonstiges Arbeitsverhalten kann kontrolliert werden, allein schon um evtl. Fehlverhalten zu erkennen und abzustellen. Die Mitarbeiter eines Call-Centers müssen sich gefallen lassen, dass Gespräche – jedenfalls stichprobenartig – im Rahmen des Monitorings mitgehört oder aufgezeichnet werden. Busfahrer müssen die Erfassung ihres Fahrverhaltens durch ein elektronisches Warn- und Leitsystem akzeptieren.[45] Zulässig sind Persönlichkeitsrechte achtende stichprobenartige Tor- bzw. Taschenkontrollen, wenn evidente allgemeine Diebstahlsgefahr durch die Kontrolle minimiert werden soll.[46]
Die dienstliche Nutzung der betrieblichen Kommunikationsmittel, d.h. Angaben über das Telefonverhalten sowie Informationen über die Nutzung von E-Mail und Internet können im Hinblick auf Fehlverhalten stichprobenartig pseudonymisiert auf Auffälligkeiten überprüft und dann ggf. konkretisiert werden.[47] Bestätigt hat dies grundsätzlich jüngst der EMRG[48], wobei er dem Arbeitgeber bei der Überwachung unerlaubter Internetkommunikation der Beschäftigten die Vorgabe der Verhältnismäßigkeit machte und insoweit unter anderem verlangte, dass der Beschäftigte

---

44 Vgl. verneinend bei Zeiterfassung: ThürLfDI, 11. TB n.ö. Bereich, Ziff. 6.12;ggf. bejahend bei Zutrittskontrollsystemen: BayLfD, TB 2016, Ziff. 11.2.

45 BAG, Urt. v. 17. 11. 2016 – 2 AZR 730/15).

46 BAG, Beschl. v. 15. 4. 2014 – 1 ABR 2/13).

47 Brink, Datenschutzgerechte Nutzung von informations- und Kommunikationstechnik im Unternehmen. Aufsichtsbehördliche Positionen zur luK-Nutzung und ihrer Kontrolle am Arbeitsplatz, RDV2015, 171; Brühl/Sepperer, E-Mail-Überwachung am Arbeitsplatz. Wer bewacht den Wächter?, ZD 2015, 415.

48 EMRG, Urt. v. 5.9.2017 – Beschwerde 61496/08.

vorab über die Möglichkeit, die Art und das Ausmaß von Kontrollen informiert wurde. Anderenfalls liegt eine *Verletzung des* Rechts auf Achtung des Privatlebens und der Korrespondenz (Art. 8 EMRK) vor.
In dem Zusammenhang ist auch die aktuelle Entscheidung des BAG[49] zur Nutzung eines Keyloggersystems zwecks Aufdeckung unerlaubter privater Kommunikation zu sehen, die das Gericht jedoch nur bei konkretem Verdacht erlaubt.
Ausgewertet und analysiert werden können auch die Bestände an personenbezogen Daten, die über die Beschäftigten und ihre Arbeit im Betrieb ansonsten gespeichert werden. Datamining oder Screening sind Mittel zur „Lost Prevention" oder „Fraud Detection".[50] Die Begriffe beschreiben das gezielte Aussieben von Massedaten. Aus z.B. über korrupte Mitarbeiter gewonnenen Erkenntnissen können auf Grund dieser Erfahrungswerte einzelne Mitarbeiter hinsichtlich ihres Gefährdungspotential „gescort" werden. Ein Beispiel bilden Kassenprüfungsprogramme, die ein typisches Verhaltensmuster von Beschäftigten an Kassen erstellen, um an Hand derer festzustellen, wer mit welchem Verdachtswert von dem typischen Profil abweicht.[51]

3.3.2 Spezielles Beispiel: Screening

An den aufgezeigten Kriterien des § 32 Abs. 1 S. 1 und 2 BDSG bzw. § 26 Abs. 1 und 2 BDSG n.F. hat sich auch – je nach seiner Zweckbestimmung – ein sog. Screening von Beschäftigtendaten auszurichten.
Beim Screening werden mit spezieller Software z. B. die Stammdaten von Beschäftigten und Lieferanten (z. B. Kontonummer, Adressen) abgeglichen, um Anhaltspunkte dafür zu bieten, ob Arbeitnehmer Entgelte für angeblich erbrachte Leistungen auf eigene Konten überwiesen haben. Im Einkauf sind solche Anhaltspunkte, wenn Lieferanten gleiche Adressen wie Beschäftigte aufweisen. Buchungen zu ungewöhnlichen Zeiten oder selten genutzte Konten können Anlass zur weiteren Nachforschung sein

---

49 Siehe jüngst BAG, Urt. vom 27. 7. 2017–2 AZR 681/16 zur Nutzung eines Keyloggersystems zwecks Aufdeckung unerlaubter privater Kommunikation nur bei konkretem Verdacht.

50 Siehe hierzu Kiesche/Wilke, CuA 1/2014, S. 4 mit den Grundlagen für ein datenschutzkonformes Anti-Fraud Management.

51 Dass derartige Systeme datenschutzkonform gestaltet werden können belegt die Verleihung des ULD-Datenschutz-Gütesiegels an das von der Fa. Lidl eingesetzte „Zentrale Kassenprüfungssystem".

und auch Erfolge zeitigen. Die datenschutzrechtliche Erlaubnisnorm ist anhand des Zwecks des Screenings zu ermitteln. Dabei ist zu unterscheiden, ob das Screening präventiven Zwecken dient, d. h. auf Grund einer nach einer betriebswirtschaftlichen Analyse aller Geschäftsprozesse ermittelten Gefährdungslage erfolgt, oder ob repressiv tatsächlichen Anhaltspunkten einer Straftat nachgegangen werden soll. Der letztgenannte Fall wird aber regelmäßig nicht Sinn des Screenings sein. Die aus § 32 Abs. 1 S. 1 BDSG in Risikobereichen erfolgende präventive Kontrolle soll ja erst dazu dienen, Tatsachen zu ermitteln, die auf einen Strafverdacht hindeuten und gezielte Einzelmaßnahmen unter den Kriterien des § 32 Abs. 1 S. 2 BDSG bzw. § 26 Abs. 1 S. 2 BDSG n.F. rechtfertigen. Bei präventiver Überwachung kann ausnahmsweise auch eine Gesamtüberwachung vorgenommen werden. Diese muss berechtigt sein, wenn für die Ermittlung des in die Analyse einzubeziehenden Personenkreises erst noch eine weitere datenschutzrechtlich relevante Erhebung von Daten erforderlich wäre. Eine Konkretisierung des Personenkreises anhand der betrieblichen Organisationsdaten kann jedoch nicht wegen des Arbeitsaufwands als unzumutbar gesehen werden.[52]

Eine Vollkontrolle wird regelmäßig nicht gerechtfertigt sein. Auswertungen müssen im ersten Schritt in pseudonymisierter Form erfolgen.

Problematisiert wird auch das Screening Terrorismusverdächtigter gemäß der sog. Terrorismuslisten enthaltenen Verordnungen der EU.[53] Im deutschen Recht ausdrücklich geregelt ist die Umsetzung u.a. im Außenwirtschaftsgesetz (AWG) und dem Kreditwesengesetz (KWG). Sie wird als Nachweis verlangt für den Erhalt des Status als zugelassener Wirtschaftsbeteiligter (AEO) im Rahmen des zollrechtlichen Verkehrs.[54]

Der BFH[55] sah ein entsprechendes Screening durch § 32 Abs. 1 S. 1 BDSG als erlaubt an. Die Aufsichtsbehörden haben ihre Bedenken angesichts der unterschiedlichen Bewertung der Rechtslage zurückgestellt.[56]

---

52 Vgl. aber auch BVerfG, RDV 2009, 113, wonach bei einer staatsanwaltschaftlichen Datenerhebung bei einem Kreditkarteninstitut gegenüber Betroffenen, bei denen bei einem Datensuchlauf „kein Treffer erzielt wurde“, kein Eingriff in das informationelle Selbstbestimmungsrecht erfolgte.

53 Vgl. im einzelnen Gola/Pötters/Wronka, Handbuch Arbeitnehmerdatenschutz Rdn.1348 ff und Rdn,1082 ff; Eder in Wedde, Handbuch Arbeitnehmerdatenschutz und Mitbestimmung, D Rdn. 119ff mit Vorschlägen zu „datenschutzkonformer“ Betriebsvereinbarung.

54 Behling, NZA 2015, 1359; Byers/Fetsch, NZA 2015, 1364.

55 BFH, Urt. v. 19. 6. 2012 - VV R 43/11 = RDV 2012, 303.

56 LfD Baden-Württemberg, 32. TB (2014/2025), Ziff.9.2.

3.3.4 Spezielles Beispiel: Whistleblowing

Ggf. ist ein Arbeitnehmer auch gehalten, Daten über Verfehlungen von Kollegen oder Vorgesetzten dem Arbeitgeber auf Grund einer betrieblichen Ethikregelung zu melden. Sofern die Meldepflicht als sog. Whistleblower nur die Pflicht des Arbeitnehmers konkretisiert, Schaden vom Betrieb fernzuhalten (§ 241 BGB), liegt die Anweisung, auf einem hierzu aufgezeichneten Weg (z. B. per Hotline an einen Compliance-Beauftragten) „relevante" Verfehlungen zu melden, im Rahmen des Direktionsrechts, d. h. die Erhebung und nachfolgende Verarbeitung erfolgt im Rahmen der arbeitsvertraglichen Beziehung mit dem Meldenden und dem Gemeldeten. Soll eine darüber hinausgehende Regelung per Arbeitsvertrag geschaffen werden, muss das Verhältnismäßigkeitsprinzip (§ 307 BGB) gewahrt bleiben, d.h. der Mitarbeiter kann nur zur Meldung von Kollegen verpflichtet werde, wenn er den Verdacht einer schweren Vetragsverletzung oder Straftat hat. Darüberhinausgehende Meldungen sind freiwillig.

3.3.5 Fazit

Präventive Kontrollen sind jetzt und zukünftig nach ganz h.M. grundsätzlich zulässig, wobei es auf den Anlass, d.h. eine ggf. auf Grund einer Risikoanalyse ermittelte Notwendigkeit und die der Gefährdung angemessene Eingriffstiefe ankommt. Jegliche Kontrolle des Mitarbeiterverhaltens steht unter dem Gebot der Erforderlichkeit. Der Begriff wird in der DS-GVO oder dem neuen BDSG nicht definiert. Die Gesetzbegründung zu § 26 BDSG n.F. formuliert unter Aufgreifen der bisherigen Rechtsprechung des BAG wie folgt: *„Im Rahmen der Erforderlichkeitsprüfung sind die widerstreitenden Grundrechtspositionen zur Herstellung praktischer Konkordanz abzuwägen. Dabei sind die Interessen des Arbeitgebers an der Datenverarbeitung und das Persönlichkeitsrecht des Beschäftigten zu einem schonenden Ausgleich zu bringen, der beide Interessen möglichst weitgehend berücksichtigt."*

4. Zusammenfassung

Maßstab für einen zulässigen Eingriff in das Persönlichkeitsrecht der Beschäftigten durch präventive und repressive Kontrollen ist das in der Rechtsprechung des BAG präzisierte, in zweistufiger Prüfung zu gewährleistende Verhältnismäßigkeitsprinzip.

Stufe 1:

Die Überwachungsmaßnahme muss für die Wahrung eines berechtigten Interesses des Arbeitgebers erforderlich sein, d.h.

- Liegt ein Überwachungsinteresse (präventive Kontrolle: Risikoanalyse; repressive Kontrolle: Anfangsverdacht einer Straftat oder schweren Vertragsverletzung gegen einen räumlich und funktional eingegrenzten Personenkreis, der über vage Anhaltspunkte und bloße Mutmaßungen hinausreicht) vor, so ist zunächst festzustellen, ob die Regelung zur Erfüllung dieser als berechtigt festgestellten präventiven und repressiven Kontrolle geeignet ist.
- Sodann muss sie jedoch zunächst insofern „ultima ratio“ sein, als dass dem Arbeitgeber keine anderen, gleich wirksamen “milderen“, d.h. das Persönlichkeitsrecht weniger einschränkende Mittel zur Erreichung des Überwachungsziels zur Verfügung stehen. Eine stichprobenhafte, pseudonymisierte Maßnahme hat regelmäßig Vorrang vor einer Komplettüberwachung.
- Das bedeutet auch, dass auch repressive Überwachung nur dann heimlich erfolgen darf, soweit offene Kontrolle nicht effektiv ist.
- Das Ultima-ratio-Prinzip gilt bei erfolgten Aufzeichnungen (Videobilder, Kommunikationsdaten) auch insoweit, dass es die Voraussetzung für den zweckgebundenen Zugriff auf die Aufzeichnungen bildet.

Stufe 2:

Auch wenn die vorgesehene Überwachungsmaßnahme alternativlos ist, darf letztlich die Schwere des Eingriffs nicht außer Verhältnis zu dem Gewicht der ihn rechtfertigenden Gründe stehen. Das Verarbeitungsinteresse muss objektiv so stark sein, dass dahinter das Interesse des Beschäftigten am Schutz seines Persönlichkeitsrechtes und an der Unverletzbarkeit seiner Privatsphäre zurücktreten muss.[57]

---

57 Zu den Grundsätzen der Erforderlichkeit und Verhältnismäßigkeit vgl. bei Wolff in Wolff/Brink, DSR-Syst. A Rn. 23 ff).

- Eine heimliche Videoüberwachung zum Nachweis der Absicht, sich einige Münzen im Wert von Centbeträgen zuzueignen, ist schlechthin unzulässig (Klüngelkasse).[58] Die „Entlarvung" einer anonyme Briefe an den Vorstand schreibenden Beschäftigten rechtfertigt keine DNA-Analyse.[59]

Insoweit gewinnt auch das grundsätzliche Verbot der sog. Vollkontrolle Bedeutung.

58 Vgl. BAG Urt. v. 21. 11. 2013 – 2 AZR 279/11.
59 VGH Baden-Württemberg, Urt. mv. 28. 11. 2000 – PL 2338/99 =DuD 2001, 221.

CSR Reporting – EU-Richtlinie und Umsetzungsgesetz

Dr. Birgit Spießhofer[*]

Einführung

Die europäische CSR-Reporting-Richtlinie[1] ist ein weiterer Meilenstein in dem Bestreben der Europäischen Union, unternehmerische Verantwortung durch Berichterstattung zu steuern. Vorausgegangen waren zwei Richtlinien zur Herstellung von Transparenz in bestimmten Branchen: Die Richtlinie 2013/34/EU vom 26.6.2013[2] über die Verpflichtung zur länderbezogenen Berichterstattung (country-by-country-reporting) für in der mineralgewinnenden Industrie und im Holzeinschlag in Primärwäldern tätige Unternehmen, die die Transparenz von Zahlungen von Unternehmen an staatliche Stellen in ressourcenreichen Ländern als Mittel der Korruptions- und Armutsbekämpfung verlangt.[3] Die am gleichen Tag verabschiedete Richtlinie 2013/36/EU über den Zugang zur Tätigkeit von Kreditinstituten und die Beaufsichtigung von Kreditinstituten und Wertpapierfirmen[4] sieht eine Pflicht zur länderspezifischen Berichterstattung im Bankensektor vor, um das Vertrauen in die Finanzbranche wieder herzustellen. Bis 2018 zurückgestellt wurde die Einführung eines jährlichen

---

* Dr. Birgit Spießhofer M.C.J. (NYU) ist Rechtsanwältin bei der Kanzlei Dentons Europe LLP, Berlin.

1 Richtlinie des Europäischen Parlaments und des Rates zur Änderung der Richtlinie 2013/34/EU im Hinblick auf die Angabe nichtfinanzieller und die Diversität betreffender Informationen durch bestimmte große Unternehmen und Gruppen (*CSR-Reporting-Richtlinie*) v. 22.10.2014, ABl. EU v. 15.11.2014, L 330, S. 1 ff.

2 Richtlinie 2013/34/EU des europäischen Parlaments und des Rates vom 26.6.2013 über den Jahresabschluss, den konsolidierten Abschluss und damit verbundene Berichte von Unternehmen bestimmter Rechtsformen und zur Änderung der RL 2006/43/EG des europäischen Parlaments und des Rates und zur Aufhebung der RL/78/660/EWG und 83/349/EWG des Rates, ABl. EU v. 29.6.2013, L 182, S. 19 ff.

3 Vgl. dazu Keller/Schmid, BB 2014, S. 2283 ff; Blöink/Kumm, BB 2013, S. 1963 ff.

4 Richtlinie 2013/36/EU des europäischen Parlaments und des Rates vom 26.6.2013 über den Zugang zur Tätigkeit von Kreditinstituten und die Beaufsichtigung von Kreditinstituten und Wertpapierfirmen, zur Änderung der RL 2002/87/EG und zur Aufhebung der RL 2006/48/EG und 2006/49/EG, ABl. EU v. 27.6.2013, L 176, S. 338 ff.

country-by-country-reportings für große Unternehmen hinsichtlich ihrer Gewinne, der darauf gezahlten Steuern und der erhaltenen öffentlichen Zuwendungen.[5]

Die EU-CSR-Regelung ist eingebettet in eine breite internationale Bewegung, die die Berichterstattung über nichtfinanzielle Faktoren in vielfältiger Weise als Instrument grenzüberschreitender Wirtschaftssteuerung nutzt. Exemplarisch hinzuweisen ist auf die Regelungen in USA, Brasilien, Nigeria, Japan, China, Südafrika und Indien.[6] Neben die allgemeinen Reporting-Vorschriften zu nichtfinanziellen Faktoren treten *spezielle* Regelungen wie bspw. der *UK Modern Slavery Act 2015*[7], der dem *California Transparency in Supply Chains Act 2010* nachgebildet ist und einen weiten Anwendungsbereich hat, der auch deutsche Unternehmen erfasst, die in Großbritannien geschäftlich tätig sind.

Wir werden uns dem Thema CSR-Reporting in vier Schritten nähern:

(1) Was ist Corporate Social Responsibility – CSR – oder genauer: was wird unter dieser Überschrift verhandelt?
(2) Was ist das Besondere und Neue an CSR-Reporting?
(3) Was sind die wesentlichen Vorgaben der EU-CSR-Richtlinie und des sie im Wesentlichen 1:1 umsetzenden deutschen Umsetzungsgesetzes[8]?
(4) Grundlegende Themen und Dilemmata?

I. Was ist Corporate Social Responsibility – CSR?

CSR hat viele "Definitionen" erfahren.[9] Die *Europäische Kommission* verkündete 2001: CSR ist ein "Konzept, das den Unternehmen als Grundlage dient, auf *freiwilliger* Basis soziale Belange und Umweltbelange in ihre Un-

5 Vgl. Art. 1 (6) der RL; Press Release Council of the European Union ST 13606/14 vom 29.9.2014, www.consilium.europa.eu/uedocs/cms_data/docs/pressdata/en/intm/144945.pdf, zuletzt 17.11.2017.

6 Vgl. Spießhofer, Unternehmerische Verantwortung, 2017, 7. Kapitel, II. 5.

7 http://www.legislation.gov.uk/ukpga/2015/30/contents/enacted, zuletzt 17.11.2017.

8 Gesetz zur Stärkung der nichtfinanziellen Berichterstattung der Unternehmen in ihren Lage- und Konzernlageberichten (CSR-Richtlinien-Umsetzungsgesetz) vom 11. April 2017, BGBl. I vom 18.4.2017, S. 802 ff.

9 Eingehend dazu Birgit Spießhofer, Unternehmerische Verantwortung. Zur Entstehung einer globalen Wirtschaftsordnung, 2017, S. 27 ff.

ternehmenstätigkeit und in die Wechselbeziehungen mit den Stakeholdern zu integrieren."[10]

In ihrer Mitteilung *Eine neue EU-Strategie (2011–2014) für die soziale Verantwortung der Unternehmen* vom 25. Oktober 2011 legte die EU-Kommission eine *neue Definition* vor, wonach *CSR* "die *Verantwortung von Unternehmen für ihre Auswirkungen auf die Gesellschaft*" ist. Die Einhaltung geltenden Rechts *(Compliance)* ist danach das *Minimum* unternehmerischer Verantwortung. Um ihrer Verantwortung vollumfänglich gerecht zu werden, sollen Unternehmen darüber hinaus Prozesse einführen, die soziale, ökologische, wirtschaftsethische, menschenrechtliche und Verbraucherbelange in enger Zusammenarbeit mit ihren Stakeholdern in ihre Strategie und ihre Aktivitäten integrieren.[11] Die EU-Kommission will Unternehmerische Verantwortung durch einen "Smart Mix" von edukatorischen, ökonomisch-incentivierenden, Soft und Hard Law-Instrumenten steuern. Zu den Hard Law bzw. hybriden Instrumenten gehört u.a. die CSR-Reporting-Richtlinie.

Das nationale Recht formuliert Standards verantwortungsbewussten Wirtschaftens. Es kann jedoch aufgrund seiner territorial begrenzten Reichweite globale Wirtschaftsprozesse nur sehr begrenzt steuern. Diese sog. *"Governance Gaps"*, die u.a. durch erschütternde Berichte über soziale und ökologische Zustände im Global South transparent wurden, sind maßgeblicher Grund und Treiber der CSR-Diskussion wie auch der Forderung nach grenzüberschreitendem CSR-Reporting. CSR ist Teil eines breiter angelegten Global Governance-Diskurses, dessen Kernfrage ist, wie ein *globaler Ordnungsrahmen für globales Wirtschaften* geschaffen werden kann. *Compliance* im Sinne der Einhaltung geltenden (nationalen) Rechts ist hinsichtlich des Maßstabs, seiner Sanktionen und Durchsetzungsmechanismen weitgehend greifbar, da an *nationalem Recht* orientiert. *CSR* geht darüber hinaus, umfasst grenzüberschreitend wirksames "neues Recht", vor allem in Gestalt von *Soft Law*.

---

10 KOM(2001) 366, S. 8.

11 Mitteilung der Kommission an das Europäische Parlament, den Rat, den Europäischen Wirtschafts- und Sozialausschuss und den Ausschuss der Regionen, Eine neue EU-Strategie (2011–2014) für die soziale Verantwortung der Unternehmen (CSR), KOM(2011) 681, S. 7.

Lassen Sie uns zur zweiten Frage kommen:

II. Was ist das Besondere und Neue an CSR-Reporting?

Prof. Peter Hommelhoff sieht in der EU-CSR-Richtlinie eine *"Revolution übers Bilanzrecht"*[12]: Das bisherige von der Geschäftsleitung zu verfolgende Unternehmensziel der Gewinnerzielung werde nunmehr um nichtfinanzielle Aspekte wie die Achtung der Menschenrechte oder den Umweltschutz als eigenständige Unternehmensziele ergänzt. Es werde ein neues Unternehmensleitbild eingeführt. Ist das zutreffend?

Nichtfinanzielle Faktoren waren schon seither von den Unternehmen im Rahmen der Compliance mit Gesetzen zu berücksichtigen, die Menschenrechte und Umweltschutz konkretisieren wie bspw. Arbeitsschutz- und Immissionsschutzrecht. Auch die Berichterstattung über nichtfinanzielle und die Diversität betreffende Faktoren ist nichts gänzlich Neues. Bereits vorher sah nationales Recht vor, dass in den Lagebericht nichtfinanzielle Leistungsindikatoren, wie Informationen über Umwelt- und Arbeitnehmerbelange, einzubeziehen sind, allerdings im Regelfall nur, *soweit* sie für das Verständnis des *Geschäftsverlaufs* oder der *Lage* des Unternehmens von Bedeutung sind.[13]

Was ist also das Besondere und das Neue an der CSR-Richtlinie und den Umsetzungsvorschriften?

Das Neue lässt sich nur von der CSR-Diskussion her richtig verstehen: Die Berichterstattung hat erstens weitere Adressaten und zweitens eine zusätzliche Funktion und drittens eine Erweiterung auf Geschäftspartner bekommen.

Die CSR-Reporting-Richtlinie beinhaltet einen partiellen *Paradigmenwechsel* insofern, als es funktional nicht mehr nur um die Darstellung der Werthaltigkeit des Unternehmens und der sie beeinflussenden nichtfinanziellen Faktoren geht (*Information des Kapitalmarkts*), sondern auch um eine

---

12 Peter Hommelhoff, Nichtfinanzielle Ziele in Unternehmen von öffentlichem Interesse. – Die Revolution übers Bilanzrecht -, in: Bork, Reinhard / Kayser, Godehard / Kebekus, Frank: Festschrift Bruno M. Kübler zum 70. Geburtstag, 2015, S. 291, 296 ff; vgl. auch Marc-Philippe Weller / Luca Kaller / Alix Schulz, Haftung deutscher Unternehmen für Menschenrechtsverletzungen im Ausland, AcP 216 (2016), S. 387, 410.

13 Vgl. zu den weitreichenden Änderungen aufgrund europäischer Vorgaben Hommelhoff, Aktuelle Impulse aus dem europäischen Unternehmensrecht: Eine Herausforderung für Deutschland, NZG 34/2015, S. 1329, 1330 ff.

(indirekte) Verhaltenssteuerung der Unternehmen, um *Due Diligence* und *Reporting*, "*know and show*", nicht nur gegenüber ökonomischen Stakeholdern wie Aktionären, Investoren und Gläubigern, sondern auch gegenüber Betroffenen, der Zivilgesellschaft und der Öffentlichkeit (*Transformation unternehmerischen Wirtschaftens*). Zudem wurde über den gesellschaftsrechtlichen Unternehmensverbund hinaus im Rahmen der Due Diligence die *Liefer- und Dienstleistungskette* und deren mit dem Unternehmen kausal verbundene negative CSR-Auswirkungen in die Berichterstattung einbezogen.[14]

Die Ausdehnung der Berichterstattung ist ein weiterer Meilenstein in Richtung Stakeholder Value, eine zusätzliche Schicht der Rahmenordnung. Die von Hommelhoff proklamierte grundlegende Umgestaltung des Unternehmensleitbildes selbst vom Shareholder zum Stakeholder Modell sozusagen "durch die Hintertür" erscheint jedoch zu weitgehend. Eine derart weitreichende Änderung des Unternehmenszwecks bedürfte wohl einer expliziten Klarstellung im Gesellschaftsrecht ähnlich der Regelungen im angelsächsischen Bereich.[15]

Bereits durch Compliance wurden Unternehmen in die Pflicht genommen, die Einhaltung geltenden Rechts durch entsprechende Managementsysteme zu gewährleisten. Die Verpflichtung zur CSR-Berichterstattung überträgt ein weiteres Element der *Überwachung* auf das Unternehmen, und zwar sowohl hinsichtlich seines eigenen Bereichs als auch hinsichtlich seiner Geschäftspartner, und auf die Zivilgesellschaft. Damit wird die oft mangelnde Möglichkeit der Stakeholder, die Einhaltung "freiwilliger" Standards, insbesondere transnational, zu überprüfen und durchzusetzen, (zumindest partiell) kompensiert. Reporting, Audits und Zertifizierungen durch i.d.R. private Organisationen treten funktional an die Stelle staatlicher Überwachung. Sie sind ein Durchsetzungsmechanismus, der zu recht bezeichnet wird als "*modern soft regulation through the disciplines of informed choice*".[16]

---

14 Eingehend zur CSR-Reporting-Richtlinie Spießhofer, Die neue europäische Richtlinie über die Offenlegung nichtfinanzieller Informationen – Paradigmenwechsel oder Papiertiger? NZG 33/2014, S. 1281 ff; dies., Unternehmerische Verantwortung (Fn. 9), S. 382 ff.

15 Vgl. bspw. Sec. 172 UK Companies Act 2006. Spießhofer, Unternehmerische Verantwortung (Fn. 9), S. 522 ff.

16 Larry Catá Backer, From Moral Obligation to International Law: Disclosure Systems, Markets and the Regulation of Multinational Corporations, Georgetown Journal of International Law 39/2008, S. 591, 596.

Die CSR-Richtlinie entfaltet zudem *extraterritoriale Reichweite*, indem die Berichterstattung nicht nur ausländische Sachverhalte, sondern auch ausländische Geschäftspartner erfasst. Vorgelagert sind Verpflichtungen zur Informationsbeschaffung im Rahmen von Monitoring- und Due-Diligence-Prozessen. Die CSR-Richtlinie soll mit dem weichen Mittel der Berichterstattung bewirken, dass in Europa angesiedelte Unternehmen in ihrem weltweiten Geschäftsgebaren bestimmte soziale und ökologische Standards einhalten und sie inhouse sowie bei ihren Beteiligungsunternehmen und ihren Geschäftspartnern durchsetzen. Stakeholder sollen dies überprüfen können und gegenüber Unternehmen vorgehen können, vor allem, wenn die Angaben unzutreffend sind.

III. *Was sind die wesentlichen Vorgaben derEU-CSR-Richtlinie und des sie im Wesentlichen 1:1 umsetzenden deutschen CSR-Richtlinie-Umsetzungsgesetzes?*

1. *Anwendungsbereich*

Richtlinie und Umsetzungsgesetz gelten für *große* Unternehmen, die von *öffentlichem Interesse* sind, und die durchschnittlich mehr als *500* Beschäftigte im Geschäftsjahr hatten.[17] Große Unternehmen sind Unternehmen mit einer Bilanzsumme von mindestens 20 Mio. EUR oder einem Nettoumsatz von 40 Mio. EUR.[18] Unternehmen von öffentlichem Interesse sind Unternehmen, die unter das Recht eines Mitgliedsstaats fallen und deren Wertpapiere zum Handel auf einem geregelten Markt eines Mitgliedsstaats zugelassen sind oder Kreditinstitute oder Versicherungsunternehmen oder von Mitgliedsstaaten als Unternehmen von öffentlichem Interesse bestimmte Unternehmen.[19] Der Anwendungsbereich ist mithin nicht auf börsennotierte Unternehmen beschränkt.[20] Das deutsche Umsetzungsgesetz hat dies ohne Erweiterungen, die intensiv für familiengeführte Konzerne und Unternehmen ab 250 Mitarbeitern diskutiert wurden, umgesetzt.

---

17 Art. 19a (1) CSR-Reporting-RL; streitig war, ob 250 oder 500 Beschäftigte maßgeblich sein sollten.

18 Art. 3 (4) RL 2013/34/EU, § 289 b Abs. 1 HGB.

19 Art. 2 RL 2013/34/EU; eine entsprechende Bestimmung enthält das deutsche Recht derzeit nicht.

20 Vgl. den entsprechenden Antrag der Fraktion Bündnis 90/Die Grünen, BT Ds. 18/2746 v. 7.10.2014, II 7.

Mutterunternehmen von öffentlichem Interesse, die Mutter einer großen Gruppe sind, mit konsolidiert mehr als 500 Beschäftigten und deren Bilanzsumme bzw. Nettoumsatz auf Gruppenbasis 20 Mio. EUR bzw. 40 Mio. EUR überschreitet, sollen in den konsolidierten Lagebericht eine *konsolidierte nichtfinanzielle Erklärung* aufnehmen.[21] Sind Tochterunternehmen und deren Sub-Unternehmen in die konsolidierte Berichterstattung oder einen separaten Report der Muttergesellschaft oder eines anderen Unternehmens einbezogen *und* erfüllt dieser die Vorgaben der Richtlinie, so sind sie von eigener Berichterstattung befreit.[22] Mutterunternehmen, die zugleich Tochterunternehmen eines anderen Unternehmens sind, sind befreit von eigener Berichterstattung, wenn sie und ihre Tochterunternehmen in die konsolidierte Berichterstattung der Konzernmutter (oder einen separaten Report) einbezogen sind und dieser Report die Anforderungen der Richtlinie erfüllt.[23]

Umstritten war, ob die Berichtspflicht auf die gesamte Lieferkette und die Subunternehmen oder die gesamte *Wertschöpfungskette* ausgedehnt werden sollte. Der ursprüngliche Vorschlag der EU-Kommission sah dies nicht vor, sondern beschränkte die Berichterstattung auf das Unternehmen selbst und die mit ihm gesellschaftsrechtlich verbundenen Unternehmen.[24] Der Berichterstatter des Europäischen Parlaments hielt es dagegen für angemessen, den Anwendungsbereich der Berichterstattung auf die sog. *Due-Diligence*-Prüfungen[25] auszuweiten. Dem folgend wurde in der Endfassung der Richtlinie die Berichterstattung auf die CSR-Risiken ausgedehnt, die mit den Produkten, Dienstleistungen und *Geschäftsbeziehungen* des Unternehmens im weitesten Sinn *verbunden* sein können.[26]

Der Anwendungsbereich der Richtlinie und des Umsetzungsgesetzes erstreckt sich damit zwar nicht unmittelbar, jedoch *mittelbar* grundsätzlich auf alle Unternehmen, auch auf kleine und mittlere, und auf nicht in den Mitgliedsstaaten ansässige, insofern, als sie zwar nicht selbst einen Bericht über nichtfinanzielle Informationen erstellen müssen, jedoch in das *Supply-Chain-Reporting* und Management der großen europäischen Unterneh-

21 Art. 29a (1) CSR-Reporting-RL.

22 Art. 19a (3) CSR-Reporting-RL.

23 Art. 29a (3) CSR-Reporting-RL.

24 Vgl. Art. 1 (1) (a) des Vorschlags der EU-Kommission, COM(2013) 207 final.

25 Vgl. zu damit verbundenen Fragen Spießhofer, Wirtschaft und Menschenrechte – rechtliche Aspekte der Corporate Social Responsibility, NJW 2014, 2473, 2475 ff.

26 Vgl. EP Rechtsausschuss Änderungsantrag 30 und Begründung des Berichterstatters Raffaele Baldassare S. 33, Entwurf eines Berichts v. 17.10.2013, 2013/0110(COD).

men einbezogen werden sollen.[27] Diese mittelbare Berichtspflicht kann aufwendiger sein als die unmittelbare, wenn beim Supply-Chain-Unternehmen verschiedene Anfragen von nach unterschiedlichen nationalen Regelungen und Standards berichtenden Geschäftspartnern auftreffen, auf deren Berichterstattung das Unternehmen zudem keinen Einfluss hat.[28]

2. *Nichtfinanzielle Informationen*

Richtlinie und Umsetzungsgesetz definieren die zu berichtenden *nichtfinanziellen Informationen* nach Inhalt, Relevanz und in methodischer Hinsicht. *Inhaltlich* soll der Bericht *mindestens* Informationen über Umwelt-, soziale und Mitarbeiterbelange sowie über die Achtung der Menschenrechte und die Vermeidung von Korruption und Bestechung umfassen.[29] Nach *Risikointensität* sind angemessene Informationen über solche Faktoren zu geben, die *sehr wahrscheinlich schwerwiegende* negative Auswirkungen auf die vorgenannten Aspekte haben oder haben werden, soweit die Angaben von Bedeutung sind und die Berichterstattung über diese Risiken verhältnismäßig ist, sowie die Handhabung dieser Risiken.[30]
Die nichtfinanzielle Erklärung soll insoweit Informationen enthalten, als dies für das Verständnis des Geschäftsverlaufs, des Ergebnisses, der Lage

---

27 Art. 19a (1) (d), Art. 29a (1) (d) CSR-Reporting-RL.

28 Vgl. Stellungnahme des Deutschen Anwaltvereins Nr. 38/2015 zur Umsetzung der "CSR-Reporting-Richtlinie", http://anwaltverein.de/de/newsroom/sn-38-15-zur-umsetzung-der-csr-richtlinie, zuletzt 17.11.2017. Gänzlich untergegangen ist die Aufforderung der EU-Kommission in ihrem CSR-Strategiepapier vom 25.10.2011, dass *alle* Organisationen (auch Non-Profit-Organisationen und Behörden) Maßnahmen für eine bessere Offenlegung ihrer sozialen und ökologischen Leistungen ergreifen sollen. Die christlichen Kirchen und ihre Organisationen sind bspw. mit 1,1 Mio. Mitarbeitern (ca. 0,6 Mio. Mitarbeiter Caritas, 0,5 Mio. Mitarbeiter Diakonie) nach dem öffentlichen Dienst (4,7 Mio. Beschäftigte) die zweitgrößten Arbeitgeber der BRD, die Caritas hat so viele Mitarbeiter wie VW (0,6 Mio.). Die Kirchensteuereinnahmen der beiden Kirchen belaufen sich auf 10,8 Mrd. EUR. Vgl. Spiesshofer, Unternehmerische Verantwortung (Fn. 9), S. 474 ff. In Anbetracht dessen erstaunt, dass im Rahmen des Gesetzgebungsverfahrens zum deutschen CSR-RL-Umsetzungsgesetz zwar eine Ausdehnung auf KMUs und große Familienunternehmen gefordert wurde, und zwar auch von den in der CSR-Diskussion als NGOs auftretenden kirchlichen Organisationen, jedoch eine Diskussion über die CSR-Berichterstattung der eigenen meist international tätigen Organisationen kategorisch ausgeschlossen wurde.

29 Art. 19a (1), 29a (1) CSR-Reporting-RL, § 289 c HGB.

30 Erwägungsgrund 8 CSR-Reporting-RL, § 289 c Abs. 3 HGB.

der Kapitalgesellschaft *sowie* seiner CSR-Auswirkungen *notwendig* ist, einschließlich [31]

1. einer Beschreibung der verfolgten Konzepte, einschließlich der von der Kapitalgesellschaft angewandten Due-Diligence-Prozesse,
2. der Ergebnisse der Konzepte nach Nr. 1,
3. der wesentlichen Risiken, die mit der eigenen Geschäftstätigkeit verknüpft sind,
4. der wesentlichen Risiken, die mit den Geschäftsbeziehungen der Gesellschaft, ihren Produkten oder Dienstleistungen verknüpft sind,
5. die bedeutsamsten nichtfinanziellen Leistungsindikatoren,
6. soweit es für das Verständnis erforderlich ist, Hinweise auf im Jahresabschluss ausgewiesene Beträge und zusätzliche Erläuterungen dazu. (Integrierte Aspekte)

Die Berichterstattung erfolgt hinsichtlich der Konzepte (nicht der Risiken) nach dem *comply-or-explain*-Prinzip. Soweit das Unternehmen hinsichtlich einer oder mehrerer CSR-Themen (einschließlich) der Wertschöpfungskette kein Konzept verfolgt, soll der Bericht eine klare und begründete Erläuterung enthalten, warum das Unternehmen davon absieht.[32]
Das Reporting über *Diversität* im Rahmen der Corporate Governance Erklärung soll nicht nur den Aufsichtsrat, sondern die gesamte Führungsebene erfassen. Die Transparenz- und Erklärungsverpflichtung soll indirekten Druck auf die Unternehmen ausüben, ihre Führungsebenen zu diversifizieren.[33] Es geht letztlich um eine Art "*self-name and shame*".[34] Soweit die Gesellschaft kein Diversitätskonzept verfolgt, hat sie dies in der Erklärung zur Unternehmensführung zu erläutern.[35]

3. *Dem Reporting zugrunde gelegte Rahmenwerke*

Die CSR-Reporting-Richtlinie (und, ihr im Wesentlichen 1:1 folgend, das deutsche Umsetzungsgesetz) ist ein *hybrides Instrument* insofern, als die Verpflichtung zum Reporting durch Gesetz eingeführt wird, die Maßstäbe, an denen sich das Reporting orientieren soll, sind jedoch im Gesetz nur skizziert. Die Unternehmen werden auf einen Strauß höchst unterschiedli-

---

31 Art. 19a (1) (a)-(e), Art. 29a (1) (a)-(e) CSR-Reporting-RL, § 289 c Abs. 3 HGB.
32 § 289 c Abs. 4 HGB.
33 Erwägungsgrund 18 CSR-Reporting-RL.
34 Vgl. Spießhofer NZG 33/2014, S. 1281, 1286.
35 § 289 f Abs. 5 HGB.

cher weicher Normen verwiesen, die internationale und private Organisationen entwickelt haben.[36] Sie haben mitzuteilen, ob und ggfs. welches der Rahmenwerke sie nutzen.[37] In der Richtlinie genannt werden insbesondere EMAS (Eco-Management and Audit Scheme), UN Global Compact, die UN-Leitprinzipien für Wirtschaft und Menschenrechte, die OECD Leitsätze für Multinationale Unternehmen, ISO 26000, die Dreigliedrige Grundsatzerklärung der Internationalen Arbeitsorganisation über Multinationale Unternehmen und Sozialpolitik und der Standard der Global Reporting Initiative (GRI).[38] Von diesen Instrumenten ist nur GRI ein echter Reportingstandard für nichtfinanzielle Informationen. Er ist wohl auch weit verbreitet, wenngleich seine Anforderungen detailliert und die Durchführung mit nicht geringen Kosten verbunden ist.[39] Im Übrigen bestehen gravierende Unterschiede zwischen den Rahmenwerken u.a. hinsichtlich der thematischen Reichweite und der Spezifizierung.

Die Richtlinie will einerseits die *Vielfalt* der CSR-Ansätze von Unternehmen respektieren, andererseits aber soll sie auch europaweite *Konsistenz* und *Vergleichbarkeit* der Berichte gewährleisten,[40] ein bei diesem Ansatz, ohne einheitliche inhaltliche und methodische Vorgaben, kaum erreichbares Ziel. Zur Erreichung dieses Ziels wäre es erforderlich gewesen, sowohl die Benchmark, den "Standard erwarteten Verhaltens", als auch Ziel und Zielgruppe sowie Methode des Reportings zu definieren. Zudem wird die Vergleichbarkeit durch verschiedene *optionale* Regelungen weiter ausgehöhlt. So können die Mitgliedstaaten, wie in Deutschland vorgesehen, einen *separaten nichtfinanziellen Lagebericht* statt eines kombinierten und partiell integrierten Lageberichts vorsehen.[41] Dieser ist spätestens 4 Monate nach dem Abschlussstichtag vorzulegen.[42] Sie können verlangen, dass der Abschlussprüfer nicht nur prüft, *ob* das Unternehmen eine nichtfinan-

---

36 Eingehend zu den wichtigsten CSR-Normen Spießhofer, Unternehmerische Verantwortung (Fn. 9), S. 61 ff.

37 § 289 d HGB.

38 Art. 19a (1), Art. 29a (1) CSR-Reporting-RL.

39 Vgl. Lanfermann, Prüfung der CSR-Berichterstattung durch den Aufsichtsrat, BB 13/2017, S. 747, 748, wonach nach einer KPMG-Studie von 2013 75% der umsatzstärksten deutschen Unternehmen GRI angewendet haben. In Südkorea sollen 95 % der über CSR berichtenden Unternehmen GRI verwenden. Zu der von NGOs gegründeten GRI eingehend Spießhofer, Unternehmerische Verantwortung (Fn. 9), S. 398 ff.

40 Erwägungsgründe 3, 6 und 21 CSR-Reporting-RL.

41 Vgl. dazu Spießhofer NZG 33/2014, S. 1281, 1286.

42 § 317 Abs. 2 HGB.

zielle Erklärung vorlegt,[43] sondern dass auch die in der nichtfinanziellen Erklärung enthaltenen *Informationen selbst* überprüft werden.[44] In Deutschland wurde nur die Prüfung des "ob" vorgeschrieben.[45] Allerdings hat der Aufsichtsrat die nichtfinanzielle Erklärung zu prüfen[46] und kann insoweit eine externe inhaltliche Überprüfung der nichtfinanziellen Erklärung oder des Berichts beauftragen.[47] Der Abschlussprüfer kommt also möglicherweise darüber ins Spiel.

Die EU-Kommission sollte innerhalb von zwei Jahren nach Inkrafttreten der Richtlinie[48] *nicht-verbindliche Leitlinien* für die *Methode* nichtfinanzieller Berichterstattung erarbeiten, einschließlich nichtfinanzieller allgemeiner und sektorenspezifischer Leitparameter (*KPI*). Bei der Erarbeitung der Leitlinien soll die Kommission internationale Best Practices einbeziehen und relevante Stakeholder konsultieren.[49] Die am 26. Juni 2017 veröffentlichten Leitlinien der EU Kommission für die Berichterstattung über nichtfinanzielle Informationen[50] bringen nur begrenzt weitere Klärung, zumal sie unverbindlich sind und explizit untersagen, dass eine Übereinstimmung nichtfinanzieller Erklärungen mit den Vorgaben der Leitlinien geltend gemacht wird.

In Anbetracht fehlender einheitlicher Vorgaben wurde vom Vorsitzenden des Rechtsausschusses des Europäischen Parlaments zu Recht beklagt, dass der *zweite Schritt vor dem ersten* getan wurde, d.h. ein Reporting eingeführt wurde, bevor überhaupt die materiellen Standards geklärt und in ihren Konsequenzen zu Ende gedacht waren.[51]

In Anbetracht der Schwierigkeit, konkrete "Standards" zu definieren, beschränken sich viele Reporting-Tools auf Beschreibungen von Prozessen und Themen, von "Risiken" und (positiven oder negativen) "Auswirkungen", da die "Einhaltung" eine Definitionsgenauigkeit voraussetzen würde, die "Prinzipien" wie die UN Leitprinzipien jedenfalls hinsichtlich der Tat-

---

43 Art. 19a (5), 29a (5) CSR-Reporting-RL.

44 Art. 19a (6), 29a (6) CSR-Reporting-RL. Die Richtlinie sieht hierfür nicht zwingend den Abschlussprüfer vor.

45 § 317 Abs. 2 HGB.

46 § 171 Abs. 1 AktG.

47 § 111 Abs. 2 AktG.

48 Die Umsetzungsfrist endete am 6.12.2016, Art. 4 (1) CSR-Reporting-RL.

49 Art. 2 CSR-Reporting-RL.

50 C(2017) 4234 final.

51 Vgl. Spießhofer NZG 33/2014, S. 1281, 1287; Eccles/Krusz/Rogers/Serafeim, The Need for Sector-Specific Materiality and Sustainability Reporting Standards, JACF, Vol. 24/2 2012, S. 8 ff: "Without standards, it is difficult for companies to know exactly how to measure and report."

bestandsseite ("respect all internationally recognized human rights"), nicht leisten können.[52] In der Praxis wird wohl GRI und der internationale Assurance Standard ISAE 3000 als allgemeiner Prüfungsmaßstab im Vordergrund stehen. Der *Deutsche Nachhaltigkeitskodex (DNK)*[53], der vom Rat für nachhaltige Entwicklung veröffentlicht wurde, enthält einen Rahmen für die Berichterstattung zu nichtfinanziellen Faktoren, der den Anforderungen der EU-CSR-Richtlinie gerecht werden soll.[54] Um die Vorgaben des DNK zu erfüllen, erstellen Anwender eine *Entsprechenserklärung* ("comply or explain") zu den zwanzig DNK-Kriterien (gruppiert nach Strategie, Prozessmanagement, Umwelt, Gesellschaft) und den ergänzenden nichtfinanziellen Leistungsindikatoren, die aus GRI und EFFAS[55] ausgewählt wurden. Sofern Unternehmen bereits nach anderen internationalen Standards wie GRI berichten, können sie über eine *Kompatibilitätsversion* eine Entsprechenserklärung zum DNK abgeben.
Das Reporting soll für die in 2017 beginnenden Geschäftsjahre verpflichtend sein.

IV. Grundlegende Themen und Dilemmata

Ohne Anspruch auf Vollständigkeit sollen im Folgenden einige grundsätzliche Fragestellungen kurz beleuchtet werden, die sich wie ein roter Faden durch die Nachhaltigkeits- und CSR-Berichterstattung ziehen und übergreifende Bedeutung haben. Dies gilt insbesondere für Integrated Reporting, Safe Harbour Rules und Supply Chain Reporting.

1. Integrated Reporting

Das Thema Integration hat im Zusammenhang mit Reporting verschiedene Dimensionen. Zum einen geht es darum, ob es sinnvoll ist, ein *separates*

---

52 Dementsprechend kann das auf der Grundlage der UNGP entwickelte Human Rights Reporting and Assurance Framework (RAFI) eine "Einhaltung aller international anerkannter Menschenrechte" nicht bestätigen.

53 4. Fassung 2017, http://www.deutscher-nachhaltigkeitskodex.de/fileadmin/user_upload/dnk/dok/kodex/DNK_Broschuere_2017.pdf, zuletzt 17.11.2017.

54 Vgl. Hecker, Gutachten, http://www.deutscher-nachhaltigkeitskodex.de/fileadmin/user_upload/dnk/dok/analysen/Gutachten_EU_Richtlinie_DNK.pdf, zuletzt 17.11.2017.

55 European Federation of Financial Analysts Societies.

Reporting für einzelne nichtfinanzielle Aspekte wie bspw. "die Menschenrechte" nach einem eigenen Reporting-Standard[56] durchzuführen. Dies erscheint nicht sinnvoll, da menschenrechtliche Vorgaben in vielfältiger Weise in sozialen, arbeits- und arbeitsschutzbezogenen und Umwelt-Regelungen ihren Niederschlag finden oder mit ihnen untrennbar verknüpft sind. Es gibt kaum einen nichtfinanziellen Aspekt, der nicht irgendwelche grund- und menschenrechtlichen Implikationen hat.[57] Dies bedeutet jedoch nicht, dass deshalb die gesamte Nachhaltigkeitsthematik unter der Überschrift "Menschenrechte" abgearbeitet werden sollte. Vielmehr wurden die allgemeinen menschenrechtlichen Vorgaben in vielfältiger Form spezifiziert durch soziale, Governance- und Umweltstandards, für die in vielen Unternehmen bereits ein Monitoring- und Reportingsystem besteht. Insofern stellt sich die Frage, welche "menschenrechtlichen Themen" von den spezifischeren ESG-Faktoren noch nicht abgedeckt sind und ggfs. ergänzt werden müssen. Sie sollten unter dem Dach "Nachhaltigkeit" oder "nichtfinanzielles Reporting" einer integrierten Behandlung und Berichterstattung zugeführt werden, wie dies fast alle Reporting-Standards mittlerweile vorsehen.

Bei "*Integrated Reporting*" geht es um die *Integration von finanziellen und nichtfinanziellen Aspekten* in die Unternehmensstrategie und -Berichterstattung[58] – kurz: um "Sustainability issues are business issues".[59] Die (zwischen Unternehmen vergleichbare) Bewertung der ESG-Faktoren für die Wertschöpfung eines Unternehmens und ihre (prinzipiell) gleichgewichtige Berücksichtigung mit finanziellen Faktoren ist das Ziel der Integrated Reporting-Bewegung, aber bislang nur begrenzt in der Unternehmensrealität abgebildet.

---

56 Vgl. bspw. das RAFI-Framework, http://www.ungpreporting.org, zuletzt 17.11.2017.

57 Bezeichnend für die Willkürlichkeit einer derartigen Grenzziehung ist bspw. die rechtliche Studie von Foley Hoag/UNEP FI "Banks and Human Rights: A Legal Analysis", 12/2015, S. 1: "The report covers only national laws and causes of action that specifically use the language of human rights. It does not include coverage of a number of environmental, health, safety, non-discrimination, and other important national laws that help protect against adverse human rights impacts but do not use the language of human rights."

58 Dazu grundlegend Eccles/Krzus/Ribot, The Integrated Reporting Movement, 2015, S. 31 ff.

59 Eccles/Rogers, The SEC and Capital Markets in the 21st Century, 9/2014, S. 3.

2. *Safe Harbour Rules*

Nach der EU-CSR-Reporting-Richtlinie können Mitgliedstaaten gestatten, dass solche Informationen ausnahmsweise vom Reporting ausgenommen werden, die *bevorstehende Entwicklungen oder laufende Verhandlungen* betreffen, sofern die Veröffentlichung der wirtschaftlichen Position des Unternehmens ernsthaft schaden würde, vorausgesetzt, dass diese Unterlassung nicht eine faire und ausgewogene Einschätzung des Unternehmens, seiner Entwicklung, Performance, Position und Auswirkungen verhindert. Es ist mithin *keine umfassende Safe Harbour*-Regelung in dem Sinne vorgesehen, dass ein Unternehmen, das durch freiwillige Audits Unregelmäßigkeiten entdeckt, diese beseitigen kann, ohne sich an den Pranger stellen oder stellen lassen zu müssen. Dies ist in diesem Rahmen insofern nicht so gravierend, als durch die Wahl entsprechender Standards und die "comply or explain"-Möglichkeit das Reporting sich auf Policies und Prozesse konzentrieren kann (und voraussichtlich weitgehend auch wird). Damit läuft jedoch der an sich Impact-orientierte CSR-Ansatz der EU-Richtlinie partiell ins Leere.

Es wird zu Recht die Frage aufgeworfen,[60] ob es nicht sachdienlich und ein Anreiz für die Durchführung von Audits wäre, wenn die Unternehmen nicht befürchten müssten, dass sie damit die fertigen Dossiers für die Staatsanwaltschaft, staatliche Aufsichtsbehörden[61], für NGOs oder Kläger, insbesondere im US-amerikanischen pre-trial Discovery Verfahren, erstellen. Es ist schlicht weltfremd, von Unternehmen zu erwarten, dass sie sich freiwillig selbst "ans Messer liefern". Um diese möglichen negativen Konsequenzen freiwilliger Audits zu vermeiden, werden in der Praxis häufig Anwälte eingeschaltet, um die Auditierung im Schutz der Vertraulichkeit (oder des attorney-client-privilege) durchzuführen. Dieser Aspekt einer möglichen *Selbstinkriminierung* durch an sich auch im Allgemeininteresse wünschenswerte Audits ist ein bislang ungelöstes Problem, das, verbunden mit den erheblichen Kosten, den Anreiz zu freiwilligen Überprüfungen oder gar zu einer Publizierung der Ergebnisse deutlich dämpft.[62]

---

60 Taylor, The Ruggie Framework: Polycentric regulation and the implications for corporate social responsibility, Nordic Journal of Applied Ethics 2011, S. 9, 24 ff.

61 Vgl. bspw. die Meldepflicht nach § 4 Abs. 1 Hessisches Gesetz zur Ausführung des Bundes-Bodenschutzgesetzes und zur Altlastensanierung v. 28.9.2007.

62 Vgl. auch Taylor, Nordic Journal of Applied Ethics 2011, S. 9, 24 ff.

3. Supply Chain Reporting

Nicht nur die EU-CSR-Reporting-Richtlinie, sondern auch viele gesetzliche und v.a. freiwillige Reporting-Standards sehen vor, dass ein berichterstattungspflichtiges Unternehmen die Unternehmen in seiner Wertschöpfungskette im Rahmen seiner Due Diligence in sein Reporting einbeziehen soll. Die diesbezügliche Problematik soll kurz am Beispiel einer internationalen Wirtschaftskanzlei erläutert werden, die z.B. hundert der berichtspflichtigen europäischen Unternehmen als Mandanten hat. Wenn jeder dieser Mandanten an die Kanzlei herantritt mit dem Anspruch, Due Diligence hinsichtlich ihrer "negativen Auswirkungen" bei ihrer weltweiten Beratung zu machen, basierend auf dem für ihn jeweils geltenden nationalen Umsetzungsgesetz und den von ihm frei gewählten Reporting-Leitlinien (die erheblich divergieren können), dann bedeutet dies, dass die Kanzlei die jeweiligen, mitnichten kohärenten Anfragen der hundert Mandanten beantworten muss, und zwar für ihre weltweiten Tätigkeiten. Die Kanzlei berichtet sozusagen ihrerseits an den Berichterstatter, aber an jeden die Information, die der Betreffende jeweils für "wesentlich" hält, basierend auf seinem jeweiligen national-gesetzlichen oder Reporting-Ansatz. Diese Problematik gilt prinzipiell für alle Unternehmen in der Liefer- und Dienstleistungskette mit mehreren Auftraggebern in ähnlicher Form. Sie zeigt ein *gravierendes systemisches Dilemma* auf, das ungelöst den Unternehmen in der Wertschöpfungskette aufgebürdet wird und von ihnen schon organisatorisch kaum zu bewältigen ist, unabhängig davon, dass die damit verbundenen erheblichen Kosten dem Mandanten/Auftraggeber im Regelfall nicht in Rechnung gestellt werden können.
Aus diesem Grundsatzdilemma gibt es nur *zwei Auswege*: Entweder es gibt eine Verständigung auf einen *einzigen Standard*, der auch kohärent interpretiert und angewandt wird (was sich bis auf weiteres nicht abzeichnet)[63], oder die betroffenen Kanzleien/Unternehmen entwickeln (mit ihren Branchenverbänden und Anwaltskammern) ihnen angemessene und mit verhältnismäßigem Aufwand leistbare *eigene CSR-Standards*, die von den Auftraggebern anerkannt werden (dürfen und müssen).
Diese Diskussion ist überfällig und dringend notwendig, will man wirklich eine sinnvolle und realistischerweise machbare Berichterstattung errei-

---

63 Die Möglichkeit einer Verständigung auf den DNK, jedenfalls für alle in Deutschland berichtspflichtigen Unternehmen, im Rahmen des deutschen Umsetzungsgesetzes zur CSR-Reporting-RL wurde nicht wahrgenommen; vgl. Roth-Mingram, Corporate Social Responsibility (CSR) durch eine Ausweitung der nichtfinanziellen Informationen von Unternehmen, NZG 34/2015, S. 1341, 1343.

chen. Die absehbare Alternative ist entweder nichtssagende "boilerplate-language", die viel bürokratischen Aufwand verursacht und in der Sache wenig bringt, ein enges Verständnis von "Relevanz" oder eine intensive Nutzung des "comply or explain"-Mechanismus.

4. *Haftung und Sanktionen*

Die EU-Richtlinie sah keine Sanktionen vor, schloss sie jedoch auch nicht aus. Das deutsche Umsetzungsgesetz hat Verstöße gegen die Berichtspflichten zu nichtfinanziellen Informationen sowie Angaben zu Diversitätskonzepten den Straf- und Bußgeldvorschiften der §§ 331, 334 HGB unterstellt und diese entsprechend erweitert. Zudem können nach §§ 5, 5a UWG unvollständige und/oder unterlassene Nachhaltigkeitsangaben als irreführend anzusehen sein.[64] Denkbar sind auch lauterkeitsrechtliche Verbandsklagen, die auf Unterlassung oder Herausgabe des Gewinns an den Bundeshaushalt gerichtet sein können. Voraussetzung für eine Klagebefugnis von Verbraucherverbänden ist allerdings, dass Verbraucherbelange berührt werden und sich die angegriffenen Maßnahmen ausschließlich oder vorrangig an Verbraucher richten und geeignet sind, ihre Kaufentscheidungen zu beeinflussen.[65] Es ist zudem davon auszugehen, dass die Berichte von NGOs kritisch analysiert und hinterfragt werden mit ggfs. publikumswirksamer öffentlicher Kritik und Reputationsschädigung.

5. *Haftungsbegründung durch Steuerung*

Nur kurz soll auf folgendes hingewiesen werden: Bislang gilt immer noch im Wesentlichen das gesellschaftsrechtliche Trennungsprinzip, d.h. es gibt nur unter engen Voraussetzungen einen Haftungsdurchgriff auf Muttergesellschaften und auf Auftraggeber in einer Lieferkette. Ein wichtiges Ziel, insbesondere von NGOs, ist einen Haftungsdurchgriff zu begründen. Im KiK-Fall, der vor dem LG Dortmund verhandelt wird, wurde bspw. nach pakistanischem common law argumentiert, dass die weitreichende Steuerung von KiK gegenüber dem pakistanischen Lieferant Ali Enterprises –

64 Vgl. Nietsch, Nachhaltigkeitsberichterstattung im Unternehmensbereich ante portas – der Regierungsentwurf des CSR-Richtlinien-Umsetzungsgesetzes, NZG 34/2016, S. 1330, 1333.

65 Roth-Mingram, NZG 34/2015, S. 1341, 1345.

KiK hatte ihn seinen Code of Conduct unterzeichnen lassen, hatte Audits durchgeführt und eine Mängelliste erstellt und auf deren Abarbeitung gedrungen – eine Master-Servant-Beziehung begründe, die eine direkte Haftung von KiK gegenüber geschädigten Mitarbeitern von Ali Enterprises begründe. Eine weitreichende Steuerung rechtlich selbständiger Unternehmen im Zusammenhang mit CSR-Reporting kann mithin möglicherweise einen Haftungsdurchgriff rechtfertigen.[66]

V. Fazit

Die CSR-Reporting-Richtlinie und das deutsche Umsetzungsgesetz werfen eine Fülle von Fragen auf, die in der Praxis noch geklärt werden müssen. Die berichtspflichtigen Unternehmen werden ihre Compliance-Management-Systeme und ihre Due Diligence-Prozesse um CSR-Faktoren erweitern müssen. Zu einem einheitlichen, insbesondere europaweit kohärenten und vergleichbaren Reporting ist es jedoch noch ein weiter Weg.

66 Eingehend Spießhofer, Unternehmerische Verantwortung (Fn. 9), S. 489 ff.

Mandatory Disclosure in Corporate Social Responsibility – The Promises and Limitations

Iris H-Y Chiu[*]

Abstract and Introduction

Corporate social responsibility is a key point of intersection at the junctures of business, society and government.[1] It has first been conceived of as voluntary or self-regulatory measures that address, at least in part, complex issues that entail from corporate activity, whether they relate to direct or indirect forms of externalities or indeed the provision of proactive 'good' for social causes and objectives. Global corporate activities are increasingly related to the provision of global public or collective goods,[2] such provision no longer confined to public sector actors. This is arguably because the existence of the needs for global public goods is due to the externality-creating actions on the part of corporations that consume planetary resources and often fail to internalise social cost associated with their activities. Corporations suffer from a collective action problem in refraining from creating such externalities (as their competitors may persist in doing so) as well as redressing them- both are phenomena of the tragedy of the commons.

Voluntary corporate responsibility may not be able to keep pace with the intensity and range of social demands, not to mention that the incentives that drive corporations often diverge from social expectations. The needs for these global public goods arise in a polycentric space of actors and stakeholders including states, international organisations and other public

---

* Professor of Corporate Law and Financial Regulation, University College London. The author thanks Professor Michael Nietsch, EBS Law School, Wiesbaden for earlier comments and the participants at the EBS Law School Corporate Compliance Conference, 23 June 2017.

1 Jeremy Moon, Nahee Kang and Jean-Pascal Gond, 'Corporate Social Responsibility and Government' in David Coen et al (eds), *The Oxford Handbook of Business and Government* (Oxford: OUP 2010) at ch22; George A Steiner and John F Steiner, *Business, Government and Society* (7th ed, McGraw-Hill, 1994) for an overview in chapter 1.

2 Inge Kaul, 'Rethinking Public Goods and Global Public Goods' in Inge Kaul (ed), *Reflexive Governance for Global Public Goods* (Cambridge: MIT Press 2012).

and private sector stakeholders. [3] States and law-makers are not necessarily able to command this space[4] as the transnational context for global multinational corporations and the complexity of issues that affect a wide range of stakeholders increasingly elude state-based authority and mechanisms. Polycentric governance is an important paradigm *du jour* for analysing these issues. The importance of polycentric governance is reflected in the development of reflexive means of governance in law and policy to be discussed shortly. However, commentators increasingly observe a 'juridification' of corporate social responsibility and the extension of regulation and legalisation (in various forms). [5] This is largely due to increasing pressure for change in corporate behaviour over years of slow achievements in the voluntary efforts led by the corporate sector. A 'new' regulatory technique, which is found in the EU Non-financial Reporting Directive 2014 implemented in the UK Companies Act 2006, and to a lesser extent in the UK's Modern Slavery Act 2015 seems poised to draw together the polycentric forces of governance in a new way and yet leverage upon the power of state-backed regulation to achieve changes to corporate behaviour.[6]

---

3 A taxonomy of governance actions is provided in chapter 4; 21–25, John Braithwaite and Peter Drahos, *Global Business Regulation* (Oxford: OUP 2000); also broadly discussed in Larry Catá Backer, 'Theorizing Regulatory Governance Within its Ecology: The Structure of Management in an Age of Globalization' (2016) at https://ssrn.com/abstract=2783018; Peer Zumbansen, 'The Conundrum of Corporate Social Responsibility: Reflections on the Changing Nature of Firms and States' (2006) at http://ssrn.com/abstract=885373.

4 Contemporary literature is generally acknowledging the rise of governance, which is a pluralistic concept that explains how spaces for problem solving and dialogue are populated by many actors, and not monopolised by regulators or governments. See Julia Black, 'Critical Reflections on Regulation' (2002) 27 Australian Journal of Legal Philosophy 1; Stephen P Osborne (ed), *The New Public Governance?: Emerging Perspectives on the Theory and Practice of Public Governance* (Oxford: Routledge, 2009).

5 The term 'juridification' is used in Karin Buhmann, 'Reflexive Regulation of CSR to Promote Sustainability: Understanding EU Public-Private Regulation on CSR Through the Case of Human Rights' (2010) at http://ssrn.com/abstract=1712801. Also see Reinhard Steurer, ' The Role of Governments in Corporate Social Responsibility: Characterising Public Policies on CSR in Europe' (2010) 43 Policy Sciences 49–72 reflecting on increasing political interest and government involvement in CSR; Jette Knudsen, 'Bringing the State Back in? US and UK Government Regulation of Corporate Social Responsibility (CSR) in International Business' (2014) at http://ssrn.com/abstract=2541002 on the increasing social appetite for regulatory governance in CSR issues.

6 Sections B and C.

We suggest that such a new regulatory technique brings about new opportunities for corporate behaviour to be shaped by social input. This can incrementally result in cultural and behavioural change at corporations. Although this technique may appear 'weak' as corporate law is not significantly reformed, intrusive or 'command'-forms of hard law need not be superior. What matters is whether behavioural change can be secured. This article makes a positive case for the social implications of the new mandatory disclosure obligation, although we acknowledge that this is not a silver bullet. The article does not take the view that other forms of hard law reforms such as in relation to corporate objective, directors' duties etc[7] are unnecessary. The complementarity between the case put forward in this article and other reform options is a subject for another discussion.

In this chapter, Section A discusses briefly the context for 'juridification' or 'legalisation' of issues of corporate social responsibility. Section B discusses the provisions in the EU Non-financial Disclosure Directive (and the equivalent in the UK Companies Act) and how procedural regulation for corporations is introduced via a form of mandatory disclosure. Section C discusses the UK's Modern Slavery Act regime which employs less legalisation and compares this to the non-financial disclosure regime. Section D draws together a few broad critical reflections and concludes.

A. Legalising or Juridifying Corporate Social Responsibility

Corporate social responsibility encompasses business, legal and beyond-legal dimensions such as ethics and citizenship.[8] A responsible corporation is not only legally compliant, there is an expectation that responsibility extends beyond the legal dimension into the realm of being 'good', 'ethical' or 'moral'. [9] It may be argued that such 'spirited responsibility' lies in the domain of private preferences based on values and mission, and cannot be the subject of regulated behaviour.

Drawing the line between what is *regulable* conduct and otherwise is a difficult one. This is because the lack of regulation of conduct is not always due to its inherent unregulability. The lack of regulation could be a result

7 See excellent panoply of discussion in the European Company Law, Issue 11(2) (2014) featuring a special issue on sustainable companies.

8 Archie B Carroll, 'Corporate Social Responsibility' (1999) 38 Business and Society 268.

9 Doreen McBarnet, 'Corporate Social Responsibility Beyond Law, Through Law, for Law' (2009) at https://papers.ssrn.com/sol3/papers.cfm?abstract_id=1369305.

of lack of perceived necessity or political will. Indeed corporations could engage in voluntary conduct in order to prevent the regulation of an issue area. However, persistent gaps between social expectations and corporate social performance could in time culminate in some form of regulatory leadership, i.e what may be thought of as 'good behaviour' may become what is legally required conduct. In the alternative, regulatory consolidation can take place in order to reflect consensus that has been achieved in policy debates in the polycentric sphere comprising business, regulators and civil society actors.

The Evolution of Corporate Regulation

Regulating corporations is as old as corporate capitalism. Since the great privatisations and modernisation of Western economies from the 1980s,[10] corporations have played a leading role in economic activities as private actors and in markets. Nevertheless, the rise of the regulatory state is commensurate with the expansion of the corporate footprint, a phenomenon termed as 'regulatory capitalism'.[11] Regulatory capitalism refers to the existence of governance frameworks that shape economic functioning and protect certain political or social values, representing a landscape where economic functions and needs are facilitated, and where distributive or social goals are also pursued.[12] In other words, the public character of governance continues to exist extensively with the economic activities led by the private sector.

Corporate regulation is a powerful means to change corporate behaviour where such behaviour adversely affects the efficient working of markets or other social and public interest.[13] Often increasing legalisation signals poli-

---

10 Claude V Chang, *Privatisation and Development: Theory, Policy and Evidence* (Aldershot: Ashgate, 2006) at chapters 1 and 2; Florencio López de Silanes, Andrei Schleifer and Robert W Vishny, 'Privatization in the United States' (1997) RAND Journal of Economics 447 at http://scholar.harvard.edu/files/shleifer/files/privatization_us.pdf; Dennis Swann, *The Retreat of the State: Deregulation and Privatisation in the UK and US* (Harvester Wheatsheaf, 1988); Richard Heffernan, 'UK Privatisation Revisited: Ideas and Policy Change, 1979–92' (2005) 76 The Political Quarterly 264.

11 David Levi-Faur, 'The Global Diffusion of Regulatory Capitalism' (2005) 598 The Annals of the American Academy of Political and Social Science 12.

12 John Braithwaite, *Regulatory Capitalism* (Cheltenham: Edward Elgar 2008), 4–29.

13 See Michael Moran, 'The Rise of the Regulatory State' in David Coen et al (eds), *The Oxford Handbook of Business and Government* (Oxford: OUP 2010) at ch16.

cy-makers' resolve to respond to social pressures that private corporations have failed to adequately address.[14] Corporate regulation reforms have taken the form of corporate duties such as in securities regulation as well as other external public interest regulation such as health and safety, product liability, occupier's liability and more recently compulsory occupational pensions provision.[15] For example, corporate scandals in the UK in the 1990s involving financial reporting have led to reforms in both corporate reporting and governance in publicly listed companies.[16] Scandals in the UK involving mass deaths as a result of industrial or corporate accidents culminated in the enactment of the Corporate Homicide Act 2007.[17] Despite some achievements in corporate regulation that delineate expectations of corporate accountability and behaviour, it remains challenging to compel corporations to internalise responsibilities for social externalities or promote stakeholder inclusion.[18] However, non-traditional and reflexive forms of governance[19] have been increasingly introduced for companies, especially where traditional command-and-control techniques in regulating corporations are inappropriate.[20] These to an extent mitigate the lack of achievement in company law reform.

---

14 Such as workmen's compensation in the UK since 1897.

15 Not to mention the ambiguity about labour law in terms of being part of or external to 'corporate law'. The literature on this is too vast to cite, but see Lord Wedderburn of Charlton, 'Legal Development of Corporate Responsibility' in Klaus J Hopt and Gunther Teubner (eds), *Corporate Governance and Directors' Liabilities* (Berlin/NY: W de Gruyter, 1985) on an overview of the nature of company law and reform in corporate regulation in the UK.

16 The Cadbury Code of Corporate Governance introduced in 1992 in response to the failures of Polly Peck, Maxwell and BCCI.

17 CMV Clarkson, 'Kicking Corporate Bodies and Damning Their Souls' (1996) 59 Modern Law Review 557; David Ormerod and Richard Taylor, 'Legislative Comment: The Corporate Manslaughter and Corporate Homicide Act 2007' (2008) Criminal Law Review 589.

18 Resisted by the private nature of company law, see for eg Mark Pendras, 'Law and the Political Geography of US Corporate Regulation' (2011) 15 Regulation, Space and Polity 1, arguing that the efficiency perspective of the corporate organisation is often used as a shield against intrusive corporate law reform.

19 also Gunther Teubner, 'Substantive and Reflexive Elements in Modern Law' (1983) 17 Law and Society Review 239.

20 See discussion in Iris H-Y Chiu and Anna Donovan, 'A New Milestone in Corporate Regulation: Procedural Legalisation, Standards of Transnational Corporate Behaviour and Lessons from Financial Regulation and Anti-Bribery Regulation' (2017) Journal of Corporate Law Studies, forthcoming.

The Growth of Reflexive Governance Techniques in Corporate Regulation

Reflexive techniques in regulation and governance have grown to secure the elusive goal of corporate behavioural change. Reflexive techniques may involve (a) a plurality of actors in designing governance thinking and techniques, and/or in securing compliance or enforcement at national or transnational levels; (b) a spectrum of norms, standards, arrangements or expectations along a soft-hard continuum, sometimes backed by law or regulatory enforcement and (c) a blurring of the distinction between public or private in terms of the source of and capacity for providing governance.

Ford terms such regulatory techniques as 'flexible regulation',[21] while Gilad uses the term 'process-oriented' regulation to describe this family of regulatory techniques.[22] For example, principles or outcomes-based regulation[23] can be introduced where certain known outcomes are prescribed in regulation while leaving a certain amount of discretion and responsibility to firms to take actions to ensure the attainment of those outcomes. However, outcomes-based regulation may be inappropriate where the certainty of outcomes cannot be defined, and process-based regulation may be more apt.

Process-based regulation focuses more on systems and internal procedures which approximate to soundness of control and governance, where outcomes may be undefined or heterogenous. For example, 'management-based regulation'[24] emphasises organisational innovation and procedures to meet public regulatory goals. 'Meta-regulation'[25] refers to a regulatory

---

21 Cristie Ford, 'Macro- and Micro-Level Effects on Responsive Financial Regulation' (2011) 44 *University of British Columbia Law Review* 589.

22 Sharon Gilad, "It Runs in the Family: Meta-regulation and its Siblings" (2010) 4 *Regulation and Governance* 485.

23 Mary Condon, 'Canadian Securities Regulation and the Global Financial Crisis' The Walter S Owen Lecture, University of British Columbia, 26 March 2009.

24 Cary Coglianese and David Lazer, "Management-Based Regulation: Prescribing Private Management to Achieve Public Goals" (2003) 37 *Law and Society Review* 691.

25 Cary Coglianese and Evan Mendelson, "Meta-Regulation and Self-Regulation"in R Baldwin, M Cave, and M Lodge (eds), *The Oxford Handbook of Regulation* (Oxford University Press, Oxford), pp. 146–168; Christine Parker, *The Open Corporation* (Cambridge: CUP 2002); "Meta-Regulation: Legal Accountability for Corporate Social Responsibility" (2006) at http://papers.ssrn.com/sol3/papers.cfm?abstract_id=942157; Colin Scott, "Regulating Everything: From Mega- To Meta-Regulation" (2012) 60 *Administration* 61.

approach that empowers and enhances the capacity of corporations to self-regulate, but connects 'the private justice of the internal management system' to the 'public justice of accountability'.[26] Process-based regulatory techniques are often collectively known as 'new governance.'[27] New governance regulatory techniques are essentially reflexive and co-opt the regulated entities to develop effective compliance practices.

Increasingly we see corporate regulation framed as process-based regulation as corporations are mandated to change internal structures and governance, in a bid towards changing corporate behaviour and outcomes. This has been adopted in the UK's Bribery Act 2010 to combat corrupt business practices, Criminal Finances Act 2017 to combat corporate complicity in money laundering and financial crime, as well as tax evasion, and the Modern Slavery Act 2015 to deal with abject labour and supply chain practices. These techniques circumvent the need to intrude upon the 'private nature' of company law, yet attempt to institute public interest expectations of internal governance and control.

However, reflexive techniques in regulation have suffered various criticisms. First, process-based regulatory techniques may result in excessive proceduralisation, disengaged from the ultimate purpose of changing corporate behaviour.[28] Firm implementation of procedures may be mechanistic and "box-ticking"[29] in nature, fostering merely cosmetic forms of compliance.[30]

Further, firm procedures, especially if presented as complex systems and technologies, provides an impression of endeavour, credibility and legitimacy and thus justify themselves, creating a form of legal endogeneity. Legal endogeneity occurs when the systems and procedures implemented by firms are taken as capable of defining what the needs of substantive justice or regulation are.[31] Legal endogeneity may obscure whether there is real

26 Christine Parker, *The Open Corporation* (Cambridge: Cambridge University Press 2000), 246.

27 Cristie Ford, "New Governance, Compliance, and Principles-Based Securities Regulation" (2008) 45 *American Business Law Journal* 1.

28 Omari Scott-Simmons, 'The Corporate Immune System: Governance from the Inside Out' (2013) University of Illinois Law Review 1131.

29 Michael Power, *Organised Uncertainty* (Oxford: Oxford University Press 2007) at 164.

30 Kimberly Krawiec, 'Cosmetic Compliance and the Failure of Negotiated Governance' (2003) 81 Washington University Law Quarterly 487.

31 Russell J Funk and Daniel G Hirschman, "Endogenous Legal Change: How Organizations Re-Shaped Glass-Steagall" (University of Michigan Working Paper 2012).

engagement with the corporate social responsibility issues at hand or real changes in corporate behaviour.

Increasing Legalisation in Refining New Governance Techniques

Reflexive governance techniques are susceptible to compromising regulatory leadership altogether if they become excessively 'delegated' to the firm, tantamount to being self-regulatory in nature. Such critique[32] against reflexive governance techniques intensified in the aftermath of the global financial crisis 2007–9 which saw the loss of social confidence in modern capitalism[33] and the financial sector. An adjustment in the design of reflexive regulatory techniques has been taking place. The public-private mix in reflexive governance, which leaned heavily towards delegated self-regulatory efforts by the private sector has become characterised by greater intensity in public sector-backed governance.[34]

There is expanding appetite[35] for subjecting corporate behaviour to greater intensity in regulatory governance. For example, there is a markedly sharper social appetite for the regulation of banks[36] in relation to their internal

32 See Cristie Ford, 'New Governance in the Teeth of Human Frailty: Lessons from Financial Regulation' (2010) Wisconsin Law Review 441.

33 Luiz Carlos Bresser-Pereira, 'The Global Financial Crisis and a new Capitalism' (May 2010, Levy Economics Institute); MK Brunnermeier and others, The Fundamental Principles of Financial Regulation (Geneva Reports on the World Economy, London: Centre for Economic Policy Research 2009) explicating the shortfall in regulating finance in the pre-crisis era.

34 Cristie Ford, 'New Governance in the Teeth of Human Frailty: Lessons from Financial Regulation' (2010) Wisconsin Law Review 441.

35 Engobo Emeseh, Rhuks Ako, Patrick Okonmah, Obokoh, Lawrence Ogechukwu, 'Corporations, CSR and Self Regulation: What Lessons from the Global Financial Crisis?' (2010) 11 German Law Journal 230; Larry Catá Backer, 'From Moral Obligation to International Law: Disclosure Systems, Markets and the Regulation of Multinational Corporations' (2008) 39 Georgetown Journal of International Law 591.

36 There is a copious amount of literature on this, from policy papers to academic discussions. See Mads Andenas and Iris H-Y Chiu, *The Foundations and Future of Financial Regulation* (Oxford: Routledge, 2014) at chapters 1–3 and citations therein.

governance and external conduct. Combatting corporate tax evasion more generally is also a post-crisis initiative.[37]

Hard law is enjoying a rejuvenation of credibility. [38] This is consistent with the cycles of regulation that follow the culmination of corporate failings and crises.[39] Corporate regulation is able to espouse standards of behaviour and therefore chimes with social expectations, and to an extent, the needs for corporate compliance could change corporate behaviour.[40] Corporate regulation represents a coalescence of social hope and political resolve, but its effectiveness in securing real and fundamental corporate behavioural change remains a challenging issue. State-backed authority is neither a panacea nor is substitutive for the range of governance dimensions that other actors bring. Hence, what we concomitantly observe greater legalisation in the form of adjustments to the new governance regulatory techniques instead of a resumption of command-and-control.

It is in this context we evaluate the recent mandatory disclosure reforms in the EU and UK with regard to social responsibility issues. Essentially mandatory disclosure is used as a conduit to prescribe the institutionalisation of internal processes in order to improve a firm's social responsibility consciousness and accountability. This technique in particular leverages upon the polycentricity of the governance landscape and provides opportunities for social governance to support regulatory obligations.

B. Disclosure-based Procedural Regulation in the EU and UK

Mandatory disclosure for corporations in the EU and UK has always been based on investors' needs. Early initiatives in the UK that incorporate as-

---

37 See Iris H-Y Chiu, 'From Multilateral to Unilateral Lines of Attack: The Sustainability of Offshore Tax Havens and Financial Centres in the International Legal Order" (2016) 31 Connecticut Journal of International Law 177.

38 Sybren C. de Hoo and Mieke Olaerts, 'Sustainable Development and the Need for Sustainable Oriented Corporate Law and Regulation' (2011) at http://ssrn.com/abstract=1926065; Jette Knudsen, 'Bringing the State Back in? US and UK Government Regulation of Corporate Social Responsibility (CSR) in International Business' (2014) at http://ssrn.com/abstract=2541002.

39 See Thomas Clarke, "Cycles of Crisis and Regulation" (2004) 12 Corporate Governance 153.

40 Christine Parker and Vibeke Lehmann Nielsen, 'Corporate Compliance Systems : Could They Make Any Difference?' (2009) 41 Administration and Society 3.

pects of social responsibility are based firmly on that tenet.[41] The UK has since 2006 required the directors' business review, a narrative report, to contain information on how environment and stakeholder issues relate to business performance.[42] The EU has to date extensively harmonised corporate reporting requirements including financial and narrative reporting.[43] The narrative reporting requirements relate to qualitatively explaining business performance and risks. [44] Narrative reporting in the EU and UK has, until the transformational reform introduced in the EU Non-financial Disclosure Directive 2014, been focused on shareholder-centric needs in relation to evaluating financial performance and viability.[45]

In 2014 the EU introduced the Non-financial Disclosure Directive[46] inserting Article 19a into the 2013 Directive (referred to above) that deals with corporate reporting obligations. Article 19a requires large undertakings that are public-interest entities (exceeding on their balance sheet dates the criterion of the average number of 500 employees during the financial

41 For eg the superceded s417 of the UK Companies Act that deals with directors' business reviews- containing social responsibility matters framed as being useful for investors to understand the risks and performance of the company.

42 The former 417, Companies Act 2006 since superseded by s414A, the Strategic Report, discussed in Iris H-Y Chiu, 'Reviving Shareholder Stewardship: Critically Examining the Impact of Corporate Transparency Reforms in the UK' (2014) 38 Delaware Journal of Corporate Law 983 and now supplemented by s414CA which transposes new narrative reporting requirements introduced in the EU Non-financial Disclosure Directive 2014, to be discussed shortly in the main text.

43 Directive 2013/34/EU of the European Parliament and of the Council of 26 June 2013 on the annual financial statements, consolidated financial statements and related reports of certain types of undertakings, amending Directive 2006/43/EC of the European Parliament and of the Council and repealing Council Directives 78/660/EEC and 83/349/EEC.

44 Also future development, research and development, adherence or otherwise to any corporate governance code and the state of the company's risk management and internal control, see Arts 19–20, Directive 2013/34/EU above.

45 Iris H-Y Chiu, 'The Paradigms for Mandatory Non-Financial Disclosure: A Conceptual Analysis- Parts 1 and 2' (2006) Company Lawyer 259; 291. On the shareholder-centric focus of the s417 directors' report, see Ian Havercroft and Arad Reisberg, "Directors' Duties Under the UK Companies Act 2006 and the Impact of the Company's Operations on the Environment" (2010) at http://papers.ssrn.com/sol3/papers.cfm?abstract_id=1274567; Andrew Keay, "Section 172(1) of the Companies Act 2006: an Interpretation and Assessment" (2007) 28 Company Lawyer 106.

46 Directive 2014/95/EU of the European Parliament and of the Council of 22 October 2014 amending Directive 2013/34/EU as regards disclosure of non-financial and diversity information by certain large undertakings and groups.

year) to include in the management report a ***non-financial statement*** containing ***information to the extent necessary for an understanding of the undertaking's development, performance, position and impact of its activity, relating to, as a minimum, environmental, social and employee matters, respect for human rights, anti-corruption and bribery matters.*** This is transposed in the UK which now requires the directors' Strategic Report, i.e. the narrative report produced by the Board, to include a non-financial information statement that contains the above-highlighted information.[47]

The EU's and UK's new mandatory disclosure requirement arguably relates to reviewing the corporation's social responsibility and stakeholder relations as standalone matters, and not only as matters relevant to the business case. We take a different position from that argued by Choudhury[48] in relation to the primary relevance and utility of social disclosure to investors. Investors may not be uninterested in these matters,[49] but in these reforms, the mandatory disclosure is not constrained or shaped by a shareholder-centric focus. These reforms pertain to connecting the needs of social justice to corporate regulation.[50]

The Directive states clearly in its preamble[51] that the non-financial reporting relates to needs in improving the accountability of corporate social responsibility relevant to stakeholders such as consumers besides investors. This distinguishes the mandatory non-financial information statement from other shareholder-centric financial and non-financial reporting referred to above. We arguably see the new mandatory reporting requirements as introducing a new kind of corporate transparency framed towards social and public accountability. A caveat that can be introduced

---

47 Section 414CA, inserted into the Companies Act 2006 via the via the Companies, Partnerships and Groups (Accounts and Non-Financial Reporting) Regulations 2016 (S.I. 2016/1245).

48 Barnali Choudhury, 'Social Disclosure' (2016) 13 Berkeley Business Law Journal 183.

49 See Ian B Lee, 'Corporate Law, Profit Maximization and the "Responsible" Shareholder' (2004) 10 Stanford Journal of Law, Business and Finance 31; but see Virginia Harper Ho, '"Enlightened Shareholder Value": Corporate Governance Beyond the Shareholder-Stakeholder Divide' (2010) 36 Journal of Corporation Law 59 and sceptical comments on this concept by Paul Davies, 'Enlightened Shareholder Value and the New Responsibilities of Directors' (2005) at http://law.unimelb.edu.au/__data/assets/pdf_file/0014/1710014/94-Enlightened_Shareholder_Value_and_the_New_Responsibilities_of_Directors1.pdf.

50 See Preamble 3, EU Non-financial Disclosure Directive 2014.

51 Preamble 3.

here is that upon the UK's departure from the EU, the preamble may no longer apply in the UK's interpretation of the nature of the non-financial information statement.

However, it can be argued that as the non-financial information statement is required 'to be included' in the 'management report' (i.e. the UK's directors' Strategic Report), the statement takes after the character of the Report, which is non-financial reporting supporting the company's ***financial*** transparency. Further, as the non-financial disclosure in the Strategic report is guided by a standard of materiality,[52] which refers to whether the disclosure matters for the investment decisions of a reasonable investor,[53] the non-financial information statement could be governed by the same shareholder-centric standard.

We however support the contrary position that the non-financial information statement is distinct, and argue that the materiality standard recommended by the Financial Reporting Council may require revision. It is also to be noted that the Global Reporting Initiative has introduced a concept of materiality for environment and social impact in order to guide management in making social responsibility disclosures in accordance with the GRI's Reporting Standards. Hence it is not necessary that 'materiality' should be a shareholder-centric benchmark.[54]

Support for the distinctness of the non-financial statement can be found in the prescribed matters to be disclosed. These matters relate ultimately to evaluating a company's social responsibility performance, and can be distinguished from shareholder-focused financial or non-financial reporting.

The Directive provides that the non-financial information statement must disclose:

(a) a brief description of the group's business model;
(b) a description of the policies pursued by the group in relation to [the social responsibility] matters [mentioned above], including due diligence processes implemented;
(c) the outcome of those policies;

52 Financial Reporting Council, *Guidance on the Strategic Report* (June 2014) at Section 5.

53 See also Daniel Szabó, 'Disclosure of Material CSR Information in the Periodic Reports – Comparison of the Mandatory CSR Disclosure Systems for Listed Companies in the EU and the US' (2011) at https://papers.ssrn.com/sol3/papers.cfm?abstract_id=1927232.

54 GRI Reporting Standards, *Management Approach* (2016) at https://www.globalreporting.org/standards/gri-standards-download-center/?g=af5e723a-0759-40e6-a1a8-01fe0c6ab3d1.

(d) the principal risks related to those matters linked to the group's operations including, where relevant and proportionate, its business relationships, products or services which are likely to cause adverse impacts in those areas, and how the group manages those risks;
(e) non-financial key performance indicators relevant to the particular business.

The UK transposition differs slightly by specifying that each of the matters to be disclosed is 'a description' in nature. This may raise certain implications in our interpretational study to be shortly discussed.
First, the non-financial information statement must contain a description of the company or in the case of a consolidated statement for groups, the group's business model. The description is qualified by the relevance of such information to the ***development, performance, position and impact of its activity, relating to, as a minimum, environmental, social and employee matters, respect for human rights, anti-corruption and bribery matters.*** This requirement compels companies to identify the aspects of its business activity that relate to the social responsibility and stakeholder areas above, not the converse. Companies therefore need to have regard for their social responsibility performance as such and not merely relegate the relevance of social responsibility performance to business and financial performance.
Further, the company must disclose a description of the policies pursued in relation to the social responsibility and stakeholder matters and any due diligence processes implemented. It is curious to note that the requirement of disclosure pertains to a *description* of the company's policies, meaning that company policies are not required to be laid bare as such to the public. The privacy of company policies is preserved and only a description need be provided. It may be argued that such a formulation for disclosure could encourage rather broadly-framed narratives in general terms. However, further disclosure requirements in relation to due diligence processes and the outcomes of policies may mitigate against the risk of broadly framed or meaningless disclosure.

Procedural Regulation- Due Diligence Processes

In requiring disclosure of the company's due diligence processes, the transparency requirement in the Directive should not be taken at face value. This transparency requirement indeed introduces an indirect procedural requirement for the company to institute due diligence processes, and should not be regarded as regulatory technique focused on information. In order to make disclosure of such procedures, companies are compelled to establish them. Mandatory disclosure indirectly introduces a form of procedural regulation.

It is possible that companies can choose to make disclosure of their due diligence procedures in broad terms. In particular, the disclosure obligation in the UK refers to a ***description*** of the procedures. General non-financial reporting (under Arts 19 and 20 of the EU Directive on Corporate Transparency of 2013 or the UK's Strategic Report in s414A, Companies Act 2006) already requires reporting on companies' risk management and internal control. Thus, companies can subsume reporting on due diligence procedures for social responsibility into risk management disclosure generally.[55] This would be a relatively incremental way of responding to the new disclosure obligation.

We do not think such minimal treatment would pass muster. Stakeholders, as well as shareholders who are not apathetic to such disclosure may find such minimal treatment to be non-compliant, as one can interpret the disclosure obligation as relating to due diligence procedures in relation to each relevant social responsibility area. We see this form of procedural regulation as intending to achieve the effect of compelling companies to demonstrate change and reform to their internal procedural and governance frameworks, as a proxy for demonstrating behavioural change. Further, the itemisation in the disclosure obligation in relation to: company due diligence procedures, non-financial performance indicators for the social responsibility matters and evaluation of outcomes- all require a certain engagement with substantive reporting whose quality will be scrutinised.

As procedural change and response is needed, companies may find it appealing to look to due diligence frameworks that enjoy social endorsement in order to enhance the substantive quality of their implementation and disclosure. Civil society initiatives offer ready-made and credible templates and frameworks at the *input* stage for companies.

There are various third-party frameworks already in existence that provide guidance on how due diligence procedures can be constructed and disclosed. In fact the existence of these frameworks provide a benchmark against which to measure corporate disclosure, and corporations may be

55 Due diligence is often developed as part of a company's risk management and internal control as a matter of its 'operational' location, see Chandra S Mishra, *Proof of Concept, Due Diligence, Risk and Reward* (Basingstoke: Palgrave Macmillan 2015).

incentivised to adopt them as being 'bonded' to them could be socially appealing. The inability of corporate regulation to be excessively prescriptive about due diligence procedures, given the need for such procedures to be context-specific, provides an opportunity for civil society groups to offer bottom-up initiatives to engage with corporations, giving rise to a form of pluralistic procedural regulation. Regulation, civil society and the regulated corporation can engage in a dynamic manner to achieve changes in corporate behaviour.[56]

In terms of environmental protection, companies may look to the ISO14001 process-based standard for environmental management, which has attained a credible stature. Prakash in his detailed examination of ISO14001 explains that the standard comprises of various management processes that have to be established in a company, including an environment policy and its governance, an environment plan including stakeholder engagement, environmental objectives such as setting targets and dedicating resources, environmental impact assessments and the organisational management of environmental issues including integration into strategic management.[57] Companies are independently audited in order to be certified for the standard, and empirical research shows that the adoption of the ISO14001 has improved the environmental consciousness and protection performance on the part of companies.[58]

Human rights due diligence has also been developed following the introduction of the UN Guiding Principles that seek to operationalise human rights protection and redress of human rights breaches by states and corporations.[59] For example, commentators have identified contexts for due diligence, such as in early stages of contractual negotiations and procurement, and in on-going monitoring and review.[60] In particular, leading due dili-

---

56 David Wirth, 'The International Organization for Standardization: Private Voluntary Standards as Swords and Shields' (2009) 36 Boston College Environmental Affairs Law Review 79.

57 Aseem Prakash, *The Voluntary Environmentalists* (Cambridge: CUP 2009).

58 Above.

59 John Ruggie, "Guiding Principles on Business and Human Rights: Implementing the United Nations 'Protect, Respect and Remedy' Framework" (2011) at http://www.ohchr.org/Documents/Publications/GuidingPrinciplesBusinessHR_EN.pdf.

60 Mark B Taylor, Luke Zandvliet and Mitra Forouhar, 'Due Diligence for Human Rights: A Risk-Based Approach' (2009) at https://www.hks.harvard.edu/m-rcbg/CSRI/publications/workingpaper_53_taylor_etal.pdf.

gence standards have been produced by SHIFT and Mazars,[61] in the form of systematic diagnostic questions designed to lead companies into thinking about and instituting relevant processes.[62] Companies are guided to consider their management, governance and capacity to manage such risks, including information collation, senior management governance, embedding in enterprise risk management systems, the development of indicators to measure performance, and stakeholder engagement, including allowing stakeholders to push information to companies.[63] Harrison also proposes that human rights due diligence can be further made more robust in companies if they seek third party independent verification, so standards in relation to such verification or assurance would be a next step in development.[64]
In terms of labour standards, the unifying core of labour rights and standards under the various International Labor Organization conventions have helped civil society groups to establish standards that help companies forge appropriate management processes and codes of conduct. Third party organisations are able to provide certification programs in order to verify companies' labour management practices including in supply chains.[65] Large retailers such as Gap, Nike and Reebok have established management processes according to the ILO standards, while organisations such as Social Accountability, The Fair Labor Association and the Dutch Clean Clothes Campaign provide certification programs for companies on a voluntary basis. For example the Social Accountability organisation's SA8000

---

61 Larry Catá Backer, 'The Guiding Principles of Business and Human Rights at a Crossroads: The State, the Enterprise, and the Spectre of a Treaty to Bind Them All' (2014) at http://ssrn.com/abstract=2462844.

62 The SHIFT framework for human rights due diligence in high risk contexts guide companies through identifying the context of risks such as in conflict areas or business relationships with partners with certain track records, business activities of a sensitive nature such as over water resources or in the presence of vulnerable groups such as aboriginal communities. Companies are then guided to identify the types of risks that arise, including single, cumulative and combination of factors, and meta-factors such as conflict, presence of vulnerable groups, repressive regimes etc.

63 SHIFT, *Human Rights Due Diligence in High Risk Circumstances: Practical Strategies for Businesses* (2015) at http://www.shiftproject.org/media/resources/docs/Shift_HRDDinhighriskcircumstances_Mar2015.pdf.

64 James Harrison, 'An Evaluation of the Institutionalisation of Corporate Human Rights Due Diligence' (2012) at http://ssrn.com/abstract=2117924.

65 Discussed in Dara O'Rourke, 'Outsourcing Regulation: Analyzing Nongovernmental Systems of Labor Standards and Monitoring' (2003) 31 Policy Studies Journal 1.

certification processes comprise of reviews of documentation, working practices, employee interview responses, and operational records and on site visits before awarding the certification.[66]

Anti-bribery and corruption is now part of corporate compliance in the UK,[67] and the Ministry of Justice issued 6 guiding principles[68] on the implementation of what may be regarded as 'adequate procedures' in preventing bribery. However, companies may find useful the Checklist developed by Transparency International that systematically directs companies to establish policies and management processes that would meet the broadly worded procedural requirements in the Bribery Act and MOJ Guidance. The Checklist deals with governance, policy setting and implementation, operational processes, training, external communications such as complaints and advice, internal control, information collation and reporting, membership in collective organisations and specific risk areas such as sponsorships, charitable and political donations, business relationships, contractors and suppliers, investments, joint ventures and consortia.[69] Further, international organisations such as the UN Office for Drugs and Crime, World Bank and the OECD[70] have also collectively produced a handbook to provide procedural insight and case study examples of good and poor practices.

Finally in general social responsibility, companies can look to the ISO26000 standard which is a guidance and not a certification standard.

---

66 Ongoing review is also carried out. The certification process is in relation to standards and management processes in key areas such as child labour, forced or compulsory labour, health and safety, freedom of association and right to collective bargaining, discrimination,. disciplinary practices, working hours, remuneration and management system, see http://www.sa-intl.org/index.cfm?fuseaction=page.viewpage&pageid=1689.

67 The Bribery Act 2010 criminalises various bribery acts but corporations may be able to defend themselves if they have established 'adequate procedures' to prevent bribery. See Anna P. Donovan, 'Systems and Controls in Anti-Bribery and Corruption', in Iris Hse-Yu Chiu and Michael McKee (eds), *The Law on Corporate Governance in Banks* (Edward Elgar, 2015), 236.

68 The Ministry of Justice, *Bribery Act 2010: Guidance About Procedures which Relevant Commercial Organisations can put into Place to Prevent Persons Associated with them from Bribing* (section 9 of the Bribery Act 2010) (March 2011).

69 Transparency International, *Guidance on Good Practice Procedures for Corporate Anti-bribery Programmes* (2012) at http://www.transparency.org.uk/publications/adequate-procedures-checklist-pdf/.

70 OECD, *Anti-corruption Ethics and Compliance Handbook for Businesses* (2013) at https://www.unodc.org/documents/corruption/Publications/2013/Anti-CorruptionEthicsComplianceHandbook.pdf.

ISO26000 introduces a harmonised conception of social responsibility issues, largely drawn from global social responsibility standards such as the UN Global Compact, ILO conventions etc, and brings together an integrated approach towards governance, information collection and awareness, training, communications and stakeholder engagement.[71] The integrated approach has been criticised to pander excessively to the business case,[72] and it remains to be seen if the practices of social responsibility could so easily converge or be 'integrated', given that the due diligence needs in different issue areas may be rather different.

Mandatory disclosure with regard to due diligence procedures and implementation by companies introduces an indirect form of procedural regulation that opens up to public scrutiny and accountability. This accountability framework ushers in an opportunity for civil society and bottom-up initiatives to engage with companies, providing practical advice or guidance in implementing due diligence procedures. This form of engagement has the potential to promote a reflexive form of new governance where procedural regulation interacts with civil society governance in order to change corporate behaviour.

Procedural Regulation- Non-financial Key Performance Indicators and Outcomes

Art 19a of the EU Directive 2014 requires mandatory disclosure of companies' 'non-financial key performance indicators' and 'outcomes' of their social responsibility policies. Section 414CA of the UK Companies Act refers to a 'description' of such outcomes. It can be argued that section 414CA may only require a narrative overview of what the company's policies have achieved. We think the difference in language may be of some importance, however, there is a limit to how minimalist an interpretation can be made of section 414CA. This is because the section, like under the EU Directive, is aimed at focusing companies on ***measuring and evaluating social performance***. This requires a change in orientation and practices.

In terms of non-financial key performance indicators, companies may, if left to themselves, develop these as being complementary to financial per-

71 See https://www.iso.org/files/live/sites/isoorg/files/archive/pdf/en/discovering_iso_26000.pdf.

72 Andrew Johnston, 'ISO 26000: Guiding Companies to Sustainability Through Social Responsibility?' (2012) 9 European Company Law 110.

formance indicators. As the non-financial information statement must include 'non-financial key performance indicators ***relevant to the business***', it can be argued that the non-financial reporting of social responsibility matters ultimately relate to a wider understanding of business performance after all.[73] Nevertheless, it could also be counter-argued that '***relevant to the business***' refers to the social responsibility or stakeholder issues relevant to the company, i.e. arising out of the company's operations. Hence companies should interpret this requirement as relating to the ***social performance of the business*** and not the ***social performance of the business as mediated through the business case.***

Civil society initiatives have taken steps towards developing more concrete indicators focused on social responsibility performance, therefore challenging the focus of businesses in terms of what they measure. Boesso[74] argues, in a comparative study of CSR reporting by US and Italian companies that predate the Non-financial Disclosure Directive 2014, that social responsibility matters identified in internationally recognised reporting templates such as the Global Reporting Initiative's standards often form the basis for developing non-financial key performance indicators. Companies develop measures for the matters specified by the GRI's Sustainability Reporting Standards.[75] The Standards identify clearly what is to be measured and reported under 'Economic', 'Environment' and 'Social' categories. For example, under 'Economic', anti-corruption achievements are to be reported, amongst other matters, such achievements are measured in relation to a list of items including extensiveness of training and intensity of internal risk management. Under 'Environment', firms are required to measure and report on items such as biodiversity and conservation of water re-

73 Such as a triple bottom line approach see John Elkington, Enter the Triple Bottom Line, in Adrian Henriques and Julie Richardson (eds), *The Triple Bottom Line, Does It All Add Up?: Assessing the Sustainability of Business and the CSR* 1, 1–16 (Earthscan 2004).

74 Giacomo Boesso, 'Stakeholder Reporting and Voluntary Performance Indicators in Italian and U.S. Listed Companies' (2007) at https://papers.ssrn.com/sol3/papers.cfm?abstract_id=968677.

75 https://www.globalreporting.org/information/g4/Pages/default.aspx. The GRI Standards have long been regarded as internationally harmonising in nature, see KPMG International, *KPMG International Survey of Corporate Responsibility Reporting 2008* (2008), available at http://www.kpmg.com/US/en/IssuesAndInsights/ArticlesPublications/PressReleases/Documents/Corporate_Sustainability_Report_US_Final.pdf; Halina Szejnwald Brown,Martin De Jong, and Teodorina Lessidrenska. 'The rise of the Global Reporting Initiative: A Case of Institutional Entrepreneurship' (2009) 18 Environmental Politics 182–200.

sources. Further breakdown of what is to be measured in biodiversity and water conservation includes extent of water recycling, impact on biodiversity such as species reduction or habitat conversion etc. The high level of specificity and prescription in the GRI Reporting Standards provide a good proxy for the development non-financial key performance indicators in the relevant areas of economic, environment or social responsibility.

It is queried if disclosure of 'outcomes' would relate to formal impact assessments[76] that companies should carry out in all social responsibility matters referred to in the Directive. Impact assessments would compel companies to substantively and procedurally engage with their social impact and strategic decisions, and in our view would be optimal practice. These may however create rather costly burdens for companies. Further, as Harrison points out,[77] impact assessments may only be credible if carried out with the involvement of independent third parties, so cost in relation to obtaining verification or assurance may also be significant. We are of the view that disclosure of outcomes (which could be regarded as being more comprehensive in the Directive's wording than the UK's version of 'description' of outcomes) does not necessarily entail the production of impact assessments. However, as the non-financial disclosure statement can be subject to securities litigation by investors, the support of impact assessments may mitigate the risk of mis-disclosure by corporations. This would be relevant if stakeholders, like in the case of Nike discussed above, also have capacity to act in the space for shareholder enforcement.

Although the mandatory disclosure of due diligence procedures, non-financial key performance indicators and 'outcomes' remains susceptible to self-assessed and broad-based reporting, which is not helped by the UK's adoption of the term 'description' to all the elements of disclosure required, the availability of civil society templates and benchmarks provide to an extent, yardsticks for evaluating the quality of substantive compliance. These may also affect investor and regulators' perception of what adequacy means for disclosure and could influence enforcement actions that relate to insufficient or mis-disclosure. The indirect form of procedural regulation brought in by the mandatory disclosure requirement encourages corporations to recognise the expectations of public accountability, and may entice them to adopt and bond themselves to socially developed standards and procedures. Such forging of a pluralistic governance system

---

76 Gilliam MacNaughton, 'Human Rights Impact Assessment: A Method for Healthy Policymaking' (2015) 17 Health and Human Rights 63.

77 Above.

is promising for bringing about changes to corporate behaviour, as regulation provides the law-backed framework for compliance while bottom-up initiatives offer practical application in increasingly established and definite ways. Next we turn to corporate transparency in the UK in relation to modern slavery. This regime applies a similar mandatory disclosure approach but engages to a lesser extent with indirect procedural regulation. We argue that the relatively poorer engagement with indirect procedural regulation is a missed step in the UK in relation to the potential of achieving richer and more effective forms of governance as highlighted above.

C. *The UK's Mandatory Disclosure Provision in the Modern Slavery Act 2015*

The UK enacted the Modern Slavery Act 2015 initially in response to combatting human trafficking crimes, but in the course of the debates over the draft Bill, campaigners[78] sought to support greater corporate responsibility for supply chains and forced labour used therein. Hence, the Act now provides for certain corporations[79] to make mandatory disclosure yearly of a 'slavery and human trafficking statement' (the Statement) in order to provide transparency on the steps that a corporation has taken to ensure that its business and its supply chain are free from slavery and human trafficking.[80] Employment practices in the UK continue to be an issue of concern as in 2016, abusive and illegal employment practices at large UK sports retailer Sports Direct came to light and became the subject of a Parliament Inquiry.[81]

The Statement is less prescriptive in nature than the non-financial information statement discussed above. It refers to a list of matters similar to the non-financial information statement, but they are neither exhaustive nor mandatory. The list of matters includes:

78 Eg see S. Lipscombe and O. Gay, *Modern Slavery Bill 2014–15, Bill 8 of 2014–15*, House of Commons Library Research Paper 14/37 (2 July 2014) 20

79 Having a turnover over £36 million net of taxes, as prescribed by section 2, The Modern Slavery Act 2015 (Transparency in Supply Chains) Regulations 2015.

80 Section 54, Modern Slavery Act 2015.

81 House of Commons Business Innovation and Skills Committee, *Employment Practices at Sports Direct* (July 2016) at https://www.publications.parliament.uk/pa/cm201617/cmselect/cmbis/219/219.pdf?utm_source=219&utm_medium=module&utm_campaign=modulereports highlighting breaches of minimum wage regulation, employment law and abusive practices.

(a) the organisation's structure, its business and its supply chains;
(b) its policies in relation to slavery and human trafficking;
(c) its due diligence processes in relation to slavery and human trafficking in its business and supply chains;
(d) the parts of its business and supply chains where there is a risk of slavery and human trafficking taking place, and the steps it has taken to assess and manage that risk;
(e) its effectiveness in ensuring that slavery and human trafficking is not taking place in its business or supply chains, measured against such performance indicators as it considers appropriate; and
(f) the training about slavery and human trafficking available to its staff.

Section 54 provides that companies *may* include the matters listed for disclosure and this is clarified by the Ministry's Practical Guidance as not being compulsory.[82] The Practical Guidance emphasises that the Statement should encapsulate the steps taken by the company to prevent slavery and human trafficking in its business and supply chain. The Statement should also be in plain English, succinct and hence readily accessible.
By being less prescriptive about the matters to be disclosed, the mandatory disclosure obligation in section 54 of the Modern Slavery Act does not arguably give rise to the same intensity of procedural regulation as discussed above. In fact section 54 is more akin to meta-regulation as firms are able to design their systems and processes in order to meet the broad requirement of 'taking steps to prevent modern slavery and human trafficking'. Such reflexivity allows firms to apply the requirement flexibly within its business context, but as Wen argues, such a requirement may not prevent minimal or cosmetic demonstrations of processes and steps, especially as there is no obligation to bring in independent third party verification.[83] Nevertheless, the Secretary of State has the power to bring civil proceedings against any corporation to enforce the duties in section 54, which presumably includes the non-production of the Statement, or its inadequate production. There is some potential for the enforcement action to bring in a form of procedural governance, although its potency depends on how frequently it is brought and how it is framed. We are sceptical as to the potency of regulatory enforcement as the relevant regulator is the Home Of-

82 Home Office, *Transparency in Supply Chains etc: A practical guide* (2015) at https://www.gov.uk/government/uploads/system/uploads/attachment_data/file/471996/Transparency_in_Supply_Chains_etc__A_practical_guide__final_.pdf.
83 Shuangge Wen, 'The Cogs and Wheels of Reflexive Law ± Business Disclosure under the Modern Slavery Act' (2016) 43 Journal of Law and Society 327.

fice, which is tasked with more pressing social and crime enforcement responsibilities. It is possible that such enforcement could be carried out as part of a criminal enforcement action against a company for engaging in modern slavery, but we do not see the Home Office as an ongoing supervisor of companies' procedural systems and governance, or perhaps as watchman for corporate behavioural change. Hence, we are of the view that it is important to enrol stakeholder scrutiny for companies' internal governance and procedures, as well as their disclosure.

We carried out a brief survey of the first batch of Modern Slavery Statements and argue that although companies aim to comply at a high standard, there is a lack of engagement with social expectations in that regard. This is possibly due to the weaker nature of procedural governance provided in the Act.

A very cursory survey of sample firms in different sectors shows that they tend to treat the non-exhaustive list as a minimum template for disclosure. This practice secures some extent of comparability in the Statements produced. We find that companies rely solely on internally developed procedures to demonstrate due diligence and internally-generated performance indicators to assess outcomes. They do not seem to engage with stakeholder developed initiatives to reform procedural governance and do not demonstrate engagement with wider society expectations in this regard. We are of the view that the relatively weaker level of indirect procedural governance in the Act allows companies to be relatively insular, and does not go far enough to encourage companies to radically reform their internal procedures and governance. Although it may be argued that internal codes and procedures need not be inferior, they are still fundamentally self-generated and assessed, and not necessarily connected with notions of substantive quality consonant with social expectations.

For our purposes this paper compares on a qualitative basis six Statements produced by UK companies, namely Marks & Spencer Plc[84] in the apparel retail sector, McMullen & Sons Ltd[85] in the restaurant and pub management sector, the Go-Ahead Group Plc[86] in the public transportation sector operating Southeastern rail services and regional bus services, Sirka UK Li-

84 https://corporate.marksandspencer.com/documents/plan-a-our-approach/mns-modern-slavery-statement-june2016.pdf.

85 http://www.mcmullens.co.uk/files/Slavery-Statement.pdf.

86 https://www.southeasternrailway.co.uk/-/media/goahead/southeastern/documents/policies/modern-slavery-statement.pdf.

mited[87] in the building and construction sector, the Economist Group[88] in the journalism sector and Associated British Foods Plc[89] in the food manufacturing, processing and distribution sector. This is a cursory survey only and the sectors have been selected for their potential to employ low wage workers in the UK and/or supply chains abroad. The companies are different in size, scale and economic footprint, showcasing at least an extent of variety in the small sample surveyed.

The encouraging sign from this brief survey is that companies are cautious about even rather reflexive forms of regulation. They aim to show a form of compliance with procedural regulation, reflecting an awareness of the current climate where we see increasing juridification of corporate social responsibility issues. Companies perhaps recognise that such reflexive regulation can be a temporary state of affairs and can be scaled up towards more hardened forms of procedural regulation[90] if they do not demonstrate change. However we also note that companies do not offer more disclosure than required under the non-exhaustive list of matters, and are especially short on specific risks where slavery or human trafficking may occur in the business or supply chain. This may be due to a fear of putting business-sensitive information into the public domain.

We discern that all subjects of the survey take steps to prevent slavery and human trafficking according to their own internal codes and guidelines and do not rely on externally established codes or guidelines by civil society or international organisations. This insular approach is susceptible to cosmetic or minimal change in internal governance. In this regard we question whether a stronger form of procedural governance such as discussed earlier is needed to stimulate change in companies. Nevertheless, there may be cross-fertilisation for the quality of Modern Slavery Statements if listed companies already adopt a socially-focused business and human rights due diligence for example. If a listed company complying with the Directive already institutes socially focused due diligence and social performance evaluation, there would be organisational efficiency reasons for streamlining their treatment the Modern Slavery statement. We see an opportunity for a larger-scale empirical survey, in a few years when data is

87 http://gbr.sika.com/en/group/about-us/modern-slavery-statement.html.

88 http://www.economistgroup.com/pdfs/Modern_Slavery_statement.pdf.

89 https://www.abmauri.com/modern_slavery_act.pdf.

90 Discussed in Iris H-Y Chiu and Anna Donovan, 'A New Milestone in Corporate Regulation: Procedural Legalisation, Standards of Transnational Corporate Behaviour and Lessons from Financial Regulation and Anti-Bribery Regulation' (2017) Journal of Corporate Law Studies, forthcoming.

available, comparing section 414CA reporting and modern slavery reporting. This would be important for determining the impact of strong forms of procedural regulation on corporate behaviour.

D. Critical Reflections and Conclusion

The increasing juridification of corporate social responsibility issues shows that what is regarded as 'voluntary' and 'good' behaviour may become socially expected and legally enforceable behaviour. However, change to corporate behaviour is not easily achieved, borne out by the evolution of both policy and technique in corporate regulation over the decades. Reflexive forms of regulation and civil society-led governance may on their own be insufficiently influential, but a form of complementarity brought about by the reforms discussed can unleash potential to change corporate behaviour.

We argue that the mandatory disclosure introduced in the non-financial information statement for EU and UK corporations[91] brings in a form of procedural regulation subject to multi-faceted spheres of accountability. In designing a form of procedural regulation under a mandatory disclosure framework, policy makers and civil society organisations continue to refine modern frameworks of governance in terms of aspects of softness and hardness along a spectrum that encourage effective change in behaviour. This approach departs from a market-based liberal framework that relies on investors to hold companies to account. Rather it seeks to empower stakeholders and civil society to engage with companies at an input level, influencing companies to adopt more socially-infused frameworks for due diligence and evaluating social performance.

Such a governance design relies on polycentric dialogue and influence, and less on clearly defined enforcement processes. Regulators provide fundamental support in standard-setting and ensuring comparability. This may however be criticised as stakeholders are not formally empowered under company law to hold companies to account and disclosure regulation can be regarded as ultimately pandering to the capital markets.[92] We see promise however in this form of *input-based* governance as facilitating

---

91 And other businesses with a public interest element as defined under the Directive.

92 Koen HM de Roo, 'The Role of the EU Directive on Non-Financial Disclosure on Human Rights Reporting' (2015) 12 European Company Law 278.

learning-based behaviour. This form of reflexive governance marries the coercive power of mandatory transparency with civil society input and scrutiny into firms. However the UK's mandatory disclosure requirement for modern slavery and human trafficking falls short of introducing a form of procedural regulation and it will be crucial to discern any difference in quality of reporting and internal governance that entails.

We may argue that indirect procedural regulation subsumed under mandatory disclosure is a half-hearted technique and does not go far enough to legalise corporate responsibilities. Why not institute directors' duties to ensure procedural compliance,[93] or as Taylor suggests, implement the proposal mooted by the French to impose a duty of care for business responsibility on parent corporations so that they may be liable for the negative externalities their activities generate?[94] We acknowledge that this governance technique skirts rather than reforms the heart of corporate law, and is by the no means the silver bullet or final word on effecting corporate social responsibility.[95] It however allows regulation to penetrate the inner workings of corporations and offers more transparency and potential engagement for stakeholders and civil society. This could make a stealthy inroad into the Anglo-American shareholder-centric corporate law model in the UK.

93 Andrew Johnston, 'Reforming English Company Law to Promote Sustainable Companies' (2014) 11 European Company Law 63, in the Special Issue of the European Company Law on Sustainable Companies, 2014.

94 Mark B Taylor, 'Due Diligence: A Compliance Standard for Sustainable Companies' (2014) 11 European Company Law 86.

95 A range of company law options and reforms were canvassed in the Special Issue of the European Company Law on Sustainable Companies, Volume 11(2), 2014. A more comprehensive reform for sustainable companies is mooted in the Suatainable Companies Project that makes business and responsibility an integrated concept and operationalised in practice, see Beate Sjåfell, 'Regulating Companies as if the World Matters: Reflections from the Ongoing Sustainable Companies Project' (2012) 47 Wake Forest Law Review 113.

Compliance Management und strafrechtliche Haftung

Prof. Dr. Jürgen Taschke[*]

1. Einleitung

Nach dem sehr grundlegenden und umfassenden Vortrag von Herrn Professor Saliger zu den Konturen des Untreuetatbestandes ("Strafrechtliche Risiken unternehmerischer Entscheidungen") möchte ich Ihnen gleichsam eine Miniatur vorstellen.
In meinem Beitrag gehe ich auf die Frage ein, ob es als strafrechtliche Untreue erfasst werden kann, wenn das Management eines Unternehmens es unterlässt, ein wirksames Compliance-Management-System zu schaffen. Mit anderen Worten: Macht sich der Vorstand oder Geschäftsführer eines Unternehmens strafbar, wenn er Maßnahmen zur Einhaltung von Compliance innerhalb des Unternehmens unterlässt? Die Fragestellung ist nicht neu. Die Einführung aktienrechtlicher Vorschriften Ende der 1990er, Anfang der 2000er Jahre zur Minimierung von Risiken für Aktiengesellschaften durch das KonTraG[1] war begleitet von der strafrechtlichen Diskussion, ob es den Tatbestand der Untreue erfüllen kann, wenn das Management eines Unternehmens risikomindernde Maßnahmen unterlässt und hieraus Schäden für ein Unternehmen entstehen.[2]
Diese Diskussion hatte damals eine besondere Aktualität. Im Ermittlungsverfahren der Staatsanwaltschaft Bonn gegen den früheren Bundeskanzler Kohl ging es um die Frage, ob § 266 StGB auch dann greift, wenn der Vermögensbetreuungspflichtige durch ein (nicht strafbewehrtes)[3] Fehlverhalten Sanktionen gegen das von ihm betreute Vermögen herbeiführt. Sie erinnern sich: Helmut Kohl hatte erklärt, dass er als Parteivorsitzender der CDU in den Jahren 1993 bis 1998 Parteispenden in Höhe von etwa 1,5

---

* Der Autor ist Rechtsanwalt und Partner bei DLA Piper sowie Honorarprofessor an der Goethe-Universität Frankfurt am Main. Der Beitrag beruht auf dem Vortrag des Verfassers am 23.6.2017 beim 4. Wiesbadener Compliance Tag. Der Vortragsstil ist beibehalten.

1 *Mosiek*, wistra 2003, 370; *Windolf*, NStZ 2000, 522; *Theile*, wistra 2010, 457, 459 f. Durch das Gesetz wurde etwa § 91 Abs. 2 AktG eingeführt.

2 Vgl. *Michalke*, StV 2011, 245, 248 f.; *Mosiek*, wistra 2003, 370, 373 ff.

3 LG Bonn, Beschl. v. 28.2.2001 – 27 AR 2/01 = NJW 2001, 1736, 1738.

bis 2 Millionen DM entgegengenommen hatte, ohne diese im Rechenschaftsbericht der Partei aufzuführen und damit ordnungsgemäß zu verbuchen.[4] Die Staatsanwaltschaft Bonn leitete daraufhin ein Ermittlungsverfahren gegen Helmut Kohl wegen des Verdachts der Untreue ein. Es sei zu prüfen, ob Helmut Kohl strafrechtlich für den Schaden hafte, welcher der CDU durch die Sanktion entstanden sind.[5] Das LG Bonn ließ letztlich offen, ob der Verstoß gegen das Parteiengesetz wegen der damit verbundenen Sanktion in Millionenhöhe[6] als strafrechtliche Untreue eingeordnet werden kann.[7] Es schloss allerdings auch nicht aus, dass die Herbeiführung voraussehbarer Sanktionsgefahren zu Lasten des Treugebers als Untreue gewertet werden könne.[8]
Auch wenn dieses Verfahren ohne eine abschließende gerichtliche Bewertung mit einer Einstellung nach § 153a StPO endete,[9] war es doch die Blaupause für eine Reihe von Ermittlungsverfahren, bei denen die Verhängung von Sanktionen gegen Verbände und Unternehmen auch zum Anlass für Ermittlungen wegen Untreue genommen wurde.[10] Allgemein formuliert geht es um die Frage, ob ein Verhalten, das eine strafrechtliche oder ordnungswidrigkeitenrechtliche Sanktion gegen ein Unternehmen auslöst, zugleich auch unter dem Gesichtspunkt der strafrechtlichen Untreue verfolgt werden kann.[11]

2. *Aktuelle Diskussion*

Dieses Thema hat nunmehr neue Aktualität gewonnen. Insbesondere das Urteil des Landgerichts München zur zivilrechtlichen Haftung eines frühe-

---

4 LG Bonn, Beschl. v. 28.2.2001 – 27 AR 2/01 = NJW 2001, 1736 f.; *Schwind*, NStZ 2001, 349, 350.
5 LG Bonn, Beschl. v. 28.2.2001 – 27 AR 2/01 = NJW 2001, 1736 f.
6 SPIEGEL 35/2015, S. 40 vom 22.8.2015, abrufbar unter: http://www.spiegel.de/spiegel/print/d-138273610.html. Insgesamt wurde eine Geldbuße in Höhe von 41,3 Millionen DM verhängt, vgl. https://www.welt.de/debatte/kommentare/article145518256/Ehrenmaenner-und-der-Weg-des-Bimbes.html.
7 LG Bonn, Beschl. v. 28.2.2001 – 27 AR 2/01 = NJW 2001, 1736, 1738; siehe hierzu *Taschke*, FS Lüderssen, S. 663, 664.
8 LG Bonn, Beschl. v. 28.2.2001 – 27 AR 2/01 = NJW 2001, 1736, 1739; siehe hierzu *Taschke*, FS Lüderssen, S. 663, 664.
9 LG Bonn, Beschl. v. 28.2.2001 – 27 AR 2/01 = NJW 2001, 1736, 1739; *Schwind*, NStZ 2001, 349.
10 Vgl. *Fischer*, StGB § 266 Rn. 76 m.w.N.
11 Siehe dazu ausführlich *Taschke*, FS Lüderssen, S. 663 ff.

ren Vorstandsmitglieds der Siemens AG[12] hat die Diskussion wiederbelebt, in welcher Relation zivilrechtliche und strafrechtliche Haftung stehen und ob der Verstoß gegen zivilrechtliche Obliegenheiten auch strafrechtlich sanktioniert werden kann, wenn Strafen und Geldbußen das Unternehmen treffen.

Das Landgericht München hat den früheren Finanzvorstand der Siemens AG zu einer Schadenersatzzahlung in Höhe von 15 Millionen Euro verurteilt, weil er – nach Auffassung des Landgerichts – seine Aufsichtspflichten verletzt und insbesondere kein funktionierendes Compliance-System zur Verhinderung von Korruption errichtet hatte. Die Siemens AG hatte als Schaden vor allem den Ersatz der Aufklärungskosten der Anwaltskanzlei (in Höhe von 12,85 Millionen Dollar)[13] verlangt, welche die interne Untersuchung durchführte. Das Gericht hat diesen Betrag anstandslos zugesprochen.

In der Verfolgungspraxis der Staatsanwaltschaften ist eine erhöhte Bereitschaft zu verzeichnen, Ermittlungen auch darauf zu erstrecken, ob Verstöße des Managements gegen gesellschaftsrechtliche – etwa aktienrechtliche – Verpflichtungen auch strafrechtlich verfolgt werden können. Beispielhaft sei auf den Aufsatz von *Baumert*[14] verwiesen, der aus der Perspektive eines Praktikers bestätigt, dass ein fehlendes Compliance-Management-System auch unter strafrechtlichen Gesichtspunkten bewertet werden kann.

In meinem Vortrag möchte ich mich daher mit der Frage befassen, ob ein fehlendes oder mangelhaftes Compliance-Management-System zu einer strafrechtlichen Haftung des Managements wegen einer Untreue nach § 266 StGB führen kann.

3. *Rechtliche Ausgangspunkte*

Begehen Mitarbeiter eines Unternehmens Straftaten, führt dies zu ganz erheblichen Haftungsrisiken für dieses. Damit sind erhebliche Aufklärungskosten verbunden. Beispielhaft seien genannt Siemens mit Aufklärungskosten in Höhe von ca. 1 Mrd. Euro und MAN SE mit Aufklärungskosten von ca. 50 Mio. Euro.[15] Daneben kommen erhebliche Strafzahlungen in

---

12 LG München I, Urt. v. 10.12.2013 – 5 HKO 1387/10 Rn. 108 ff. = CCZ 2014, 142 = NZG 2014, 345.

13 LG München I, Urt. v. 10.12.2013 – 5 HKO 1387/10 Rn. 108 ff.; siehe auch *Fleischer*, NZG 2014, 321, 327.

14 Siehe *Baumert*, CCZ 2013, 265.

15 Siehe *Taschke*, NZWiSt 2012, 9 m.w.N. (Fn. 1, 2); *ders.*, FS Wessing, S. 123.

Betracht, die einerseits den aus der illegalen Handlung erlangten Vorteil abschöpfen, andererseits zu einer angemessenen Sanktion führen sollen.[16] Der Bundesgerichtshof hat sich insoweit auch eindeutig positioniert: Über die Instrumente des Verfalls nach §§ 73 ff. StGB und § 29a OWiG soll sichergestellt werden, dass sich unternehmensbezogene Straftaten nicht lohnen. So heißt es etwa in BGHSt 47, 369: "Würde [bei dem Unternehmen] lediglich der aus der Straftat gezogene Gewinn abgeschöpft, so würde sich die bewusst aus finanziellen Interessen begangene Tat im Ergebnis als wirtschaftlich risikolos auswirken."[17] Nach Auffassung des Bundesgerichtshofs gewährleistet die konsequente Umsetzung des Bruttoprinzips die Einhaltung der strafrechtlichen Vorschriften: "Nur so kann das Bewusstsein dafür geschärft werden, dass sich derartige Geschäfte nicht lohnen [...]."[18]
In der Logik der Entscheidung des Landgerichts München und, ihr folgend, der aktienrechtlichen Literatur[19] haftet das Management für Vermögensschäden, die dem Unternehmen deshalb entstehen, weil ein Compliance-Management-System entweder vollständig fehlte oder nicht effektiv genug war. Die Frage ist: Kann das Management dafür auch strafrechtlich nach § 266 StGB zur Rechenschaft gezogen werden?

4. *Das gesicherte Terrain*

Folgende Ausgangspunkte können heute als gesichert angesehen werden: Zunächst kann man nach dem Stand der heutigen Diskussion davon ausgehen, dass es zu den aktienrechtlichen Pflichten gehört, ein Compliance-Management-System als Bestandteil einer angemessenen Risikovorsorge für das Unternehmen zu installieren.[20]

---

16 KK-OWiG/*Mitsch*, § 17 OWiG Rn. 10; Graf/Jäger/Wittig/*Bär*, Wirtschafts- und Steuerstrafrecht, § 17 OWiG Rn. 10; BeckOK OWiG/*Sackreuther*, § 17 OWiG Rn. 10; vgl. auch *Taschke*, NZWiSt 2012, 9.

17 BGHSt 47, 369 = Urt. v. 21.8.2002 – 1 StR 115/02 = NJW 2002, 3339, 3341.

18 Beschl. v. 18.2.2004 – BGH 1 StR 296/03 = NStZ-RR 2004, 214.

19 Vgl. *Fleischer*, NZG 2014, 321 ff.; *Grützner*, BB 2014, 850 (Kommentar zu LG München I, Urt. v. 10.12.2013 – 5 HK O 1387/10); *Hahn*, EwiR 2014, 175; *krit. Bachmann*, ZIP 2014, 570, 579 ff.; *Oppenheim*, DStR 2014, 1063, 1065; *Rathgeber*, NZWiSt 2014, 192 ff.

20 Spindler/Stilz/*Fleischer*, AktG § 91 Rn. 47 m.w.N.; MüKoAktG/*Spindler*, AktG § 91 Rn. 52; Hüffer/*Koch*, AktG § 76 Rn. 13 (auch mit Darstellung *krit.* Stimmen); Hauschka/Moosmeyer/Lösler/*Pelz*, Corporate Compliance, 1. Abschn. Kap. 2 § 5

Weiter kann als gesichert gelten, dass die Aufsichtspflicht nach § 130 OWiG den Pflichtenkreis des Managements umreißt. Danach hat der Inhaber eines Unternehmens, hier also der Vorstand einer Aktiengesellschaft oder der Geschäftsführer einer juristischen Person, angemessene Aufsichtsmaßnahmen zu ergreifen, um Zuwiderhandlungen von Unternehmensangehörigen gegen bußgeld- oder strafrechtliche Vorschriften zu verhindern. Unterlässt der Inhaber des Unternehmens notwendige Aufsichtsmaßnahmen, kann diese Aufsichtspflichtverletzung Grundlage für eine Sanktion gegen das Unternehmen nach § 30 OWiG werden.

Die Behandlung der Frage, wie ein angemessenes Compliance-Management-System auszusehen hat, wäre ein eigenes Thema für ein gesondertes Referat.[21] Besonders verlockend wäre es in diesem Kontext, auf die nach meiner Auffassung überspannten Anforderungen des Landgerichts München an die Pflichten eines Vorstands einzugehen[22] und darauf, dass eine ex post Betrachtung immer mit dem Risiko behaftet ist, den sogenannten „Rückschaufehler"[23] zu machen. In der Rückschau ist es immer leicht, die Unzulänglichkeit eines Compliance-Systems zu postulieren. Dass es Gesetzesverstöße von Mitarbeitern, etwa Korruptionsstraftaten, gegeben hat, belegt nicht per se, dass das Compliance-System unzulänglich oder ineffektiv war.[24]

Es wäre auch eine gesonderte Betrachtung wert, die von der Beratungsindustrie zum "Goldstandard" geadelten Compliance-Empfehlungen[25] für ein Compliance-Management-System daraufhin zu untersuchen, ob sie zur effektiven Verhinderung von Straftaten durch Unternehmensangehörige beitragen[26] oder nicht auch davon getragen sind, Beratungs- und Prüfungsbedarf zu generieren.[27]

Rn. 45; *Oppenheim*, DStR 2014, 1063; *Hahn*, EwiR 2014, 175 f.; *Fleischer*, NZG 2014, 321 f.

21 Grundlegend hierzu *Hauschka/Moosmeyer/Lösler*, Corporate Compliance, 2. Abschn.; *Moosmeyer*, Compliance, S. 33 ff.; *Minoggio*, Unternehmensverteidigung, § 9 C.; Umnuß/*Salzmann*, Corporate Compliance Checklisten, Kap. 10.; Wessing/Dann/*Taschke*, Deutsch-Amerikanische Korruptionsverfahren, § 12 Rn. 73 ff.

22 Siehe dazu ausführlich *Kuhlen*, NZWiSt 2015, 121, 126.

23 *Bachmann*, ZIP 2014, 570, 581, 583; *Kuhlen*, NZWiSt 2015, 121, 126.

24 *Kuhlen*, NZWiSt 2015, 121, 126; *Bachmann*, ZIP 2014, 570, 580, 583.

25 MüKoAktG/*Spindler*, AktG § 91 Rn. 33 ff.; Spindler/Stilz/*Fleischer*, AktG § 91 Rn. 62; Bürkle/Hauschka/*Schulz/Galster*, Der Compliance Officer, § 4 D. II. 2. a) Rn. 33 ff.

26 *Rieder/Jerg*, CCZ 2010, 201, 204 f.; *Böttcher*, NZG 2011, 1054, 1057; *von Busekist/Hein*, CCZ 2012, 41, 42; *Moosmeyer*, Compliance, S. 91.

27 *Grüninger/Remberg*, CB 2013, 187 f.

Aus Zeitgründen werde ich auf diese Themen nicht eingehen, mich im Detail auch nicht damit befassen können, welche Anforderungen an ein effektives Compliance-Management-System zu stellen sind.[28]
Ich möchte mich hier darauf beschränken, eine gesellschaftsrechtliche Verpflichtung des Managements eines Unternehmens zur Errichtung eines Compliance-Management-Systems zu postulieren. Es gibt dazu eine Reihe von rechtlichen Anknüpfungspunkten; zwei möchte ich hier benennen: Es dürfte heute nicht mehr zweifelhaft sein, dass der Vorstand einer Aktiengesellschaft nach § 93 AktG verpflichtet ist, auf die Einhaltung von Compliance innerhalb des Unternehmens hinzuwirken.[29] Eine weitere gesetzliche Ausprägung findet sich in § 130 Abs. 1 OWiG. Die gesetzlichen Vorgaben in dieser Vorschrift sind eine erste und gute Orientierung, welche Maßnahmen zu ergreifen sind.[30]

5. Fehlende haftungsrechtliche Begrenzung

Das sind also die Ausgangspunkte unserer rechtlichen Bewertung. In den Einzelheiten ist vieles streitig. Insbesondere ist bis heute keine vernünftige haftungsrechtliche Begrenzung gefunden, die zweifelsohne ihre Berechtigung hat. Die zivilrechtliche Haftung kann existenzvernichtende Ausmaße erreichen und weit über das hinausgehen, was strafrechtlich oder auch ordnungswidrigkeitenrechtlich in Betracht kommt.[31] Hier gilt der limitierende Faktor des Schuldprinzips.[32]
Es ist deshalb nur konsequent, dass derzeit im Kartellrecht die Diskussion geführt wird, ob die Limitierung des Bußgeldrahmens auf individueller Ebene bei der Teilnahme an Kartellordnungswidrigkeiten auch für die zivilrechtliche Haftung gegenüber dem Unternehmen gilt.[33] Es ist sicher ein ernsthaft in Betracht zu ziehendes Argument, dass ein Abwälzen der Sank-

---

28 Vgl. hierzu die Nachweise oben bei Fn. 21.

29 Vgl. hierzu die Nachweise oben bei Fn. 20.

30 Vgl. *Moosmayer*, Compliance, S. 5; *Hauschka/Moosmeyer/Lösler*, Corporate Compliance, 1. Abschn. 1. Kap. § 1 A. II. 2. Rn. 30 f.; Graf/Jäger/Wittig/*Niesler*, OWiG § 130 Rn. 9 ff.

31 *Kuhlen*, NZWiSt 2015, 121, 125; *Zimmer/Walther*, BB 2017, 629, 630.

32 So schon BVerfG, Beschl. v. 25.10.1966 – 2 BvR 506/63 = NJW 1967, 195; vgl. auch LAG Düsseldorf, (Teil-)Urteil vom 20.1.2015 – 16 Sa 459/14 = CCZ 2015, 185, 187; *Heuking/von Coelln*, BB 2014, 3016, 3022.

33 LAG Düsseldorf, (Teil-)Urt. v. 20.1.2015 – 16 Sa 459/14 = CCZ 2015, 185, 186; *Fuchs/Zimmermann*, JZ 2014, 838, 843 f.; vgl. zur Diskussion bzgl. einer Haftungsbegrenzung *Lotze/Smolinski*, NZKart 2015, 254; *Dreher*, VersR 2015, 781, 787;

tionen gegen das Unternehmen im Wege der Innenhaftung auf natürliche Personen den gesetzgeberischen Entscheidungen zuwiderläuft.[34]

6. *Compliance als Pflicht im Innen- und Außenverhältnis?*

Wenn wir uns dem Untreuetatbestand nähern, stellt sich die Frage, ob das Management eine Vermögensbetreuungspflicht hat. Diese Frage ist aus meiner Sicht unzweifelhaft zu bejahen. Die Antwort hilft aber nur begrenzt weiter. Die Pflicht besteht zunächst gegenüber dem zu betreuenden Vermögen, also im Innenverhältnis.[35]

Die durch zwei wichtige Entscheidungen des Bundesgerichtshofs[36] angestoßene Diskussion, ob es eine Schutzpflicht des Unternehmens, und damit verbunden des Managements des Unternehmens, gegenüber außenstehenden Dritten, gibt, kann für die strafrechtliche Innenhaftung zwar illustrierend herangezogen, im Ergebnis aber nicht fruchtbar verwendet werden.

In seinem Urteil vom 20. Oktober 2011 hat der Bundesgerichtshof entschieden, dass ein Betriebsinhaber bzw. Vorgesetzter eine Garantenpflicht zur Verhinderung von Straftaten nachgeordneter Mitarbeiter haben kann.[37] In seinem Urteil vom 17. Juli 2009 hat der Bundesgerichtshof im Zusammenhang mit der strafrechtlichen Haftung des Leiters der Rechtsabteilung und Innenrevision einer Anstalt des öffentlichen Rechts ausgeführt, dass dieser aufgrund der ihm übertragenen Aufgabe, die Straßenanlieger vor betrügerisch überhöhten Gebühren zu schützen, eine Garantenstellung insoweit innehatte.[38] Darüber hinaus äußerte sich der BGH - wenn auch in einem obiter dictum – dahingehend, dass ein „Compliance

---

Thomas, NZG 2015, 1409, 1410 ff.; *Labusga,* VersR 2017, 394; *Zimmer/Walther,* BB 2017, 629; *Fritz,* NZG 2015, 1409.

34 LAG Düsseldorf, (Teil-)Urt. v. 20.1.2015 – 16 Sa 459/14 = CCZ 2015, 185, 187 f.; *Thomas,* NZG 2015, 1409, 1411 f.; *Lotze/Smolinski,* NZKart 2015, 254, 257 f.; *Labusga,* VersR 2017, 394, 398 f.

35 BGH, Urt. v. 10.7.2012 – VI ZR 341/10 = wistra 2012, 380, 383 Rn. 23; *Kuhlen,* NZWiSt 2015, 121, 124; Graf/Jäger/Wittig/*Waßmer,* StGB § 266 Rn. 143c.

36 BGH, Urt. v. 17.7.2009 – 5 StR 394/08 = NStZ 2009, 686 (Berliner Stadtwerke) mit obiter dictum zum Compliance Officer; BGH, Urt. v. 20.10.2011 – 4 StR 71/11 = NStZ 2012, 142 („Mobbing").

37 BGH, Urt. v. 20.10.2011 – 4 StR 71/11 = NStZ 2012, 142.

38 BGH, Urt. v. 17.7.2009 – 5 StR 394/08 = NStZ 2009, 686, 688 Rn. 28 ff.

Officer“ dafür einzutreten habe, dass unternehmensbezogene Straftaten zu Lasten Dritter unterbleiben.[39]

Im Ergebnis wird man eine Verpflichtung des Unternehmens, Schäden von Dritten fernzuhalten, nicht verneinen können.[40] Das Unternehmen gilt "als Gefahrenquelle"[41] und hat daraus reflektierend eine Garantenstellung zur Verhinderung von Schäden Dritter. Die Grundsätze, die der Bundesgerichtshof in der Lederspray-Entscheidung[42] entwickelt hat, lassen sich ohne Schwierigkeiten auch auf diese Frage anwenden.

Die Verpflichtung, Schäden von Dritten abzuwenden, ist jedoch keine Pflicht, die zum Schutz des betreuten Vermögens geschaffen ist, sondern eben dem Schutz dieser außenstehenden Dritten dient[43] – auch wenn die Verantwortlichkeit der Aufsichtspersonen grundsätzlich zunächst eine interne Verpflichtung gegenüber ihrem Unternehmen ist.[44] Die Verletzung der Rechte Dritter kann selbstverständlich zur Grundlage einer Sanktion gegenüber dem Unternehmen werden. Das Vorstandsmitglied oder der Leiter der Rechtsabteilung, der betrügerisch zu hohe Abgaben bei der Straßenreinigung erhebt, schädigt nicht nur die Straßenanlieger durch Betrug. Durch seine Straftat schafft er auch eine Anknüpfungstat zur Sanktion gegenüber dem Unternehmen. Diese Sanktion ist aber gleichsam nur Reflex des strafrechtlich relevanten Verhaltens zum Nachteil der Straßenanlieger.

Allerdings ergibt auch diese Diskussion keine klare Antwort auf die Frage, ob die Etablierung eines funktionierenden Compliance-Management-Systems zum Schutz Dritter erforderlich ist. Es gibt gute Gründe dies zu fordern. Korruption und Betrug schädigen die Vertragspartner, beeinträchtigen den Wettbewerb, benachteiligen ehrliche Marktteilnehmer und füh-

---

39 BGH, Urt. v. 17.7.2009 – 5 StR 394/08 = NStZ 2009, 686, 687 Rn. 27.

40 Vgl. Leitner/Rosenau/*Burchard*, Wirtschafts- und Steuerstrafrecht, § 13 StGB Rn. 32 ff.; *Kuhlen*, NZWiSt 2015, 161.

41 *Kuhlen*, NZWiSt 2015, 161.

42 BGH, Urt. v. 6.7.1990 – 2 StR 549/89 = NStZ 1990, 587; vgl. auch *Kuhlen*, NZWiSt 2015, 121, 123; *ders.*, FS 50 Jahre Bundesgerichtshof, 647, 663; *Taschke*, NZWiSt 2012, 41 f. m.w.N.; *Schünemann*, FS 50 Jahre Bundesgerichtshof, 621; Rotsch/*Dannecker*, Criminal Compliance, § 5 Rn. 16; *Schmidt-Salzer*, BB 1992, 1866, 1869.

43 *Kuhlen*, NZWiSt 2015, 161, 162.

44 BGH, Urt. v. 10.7.2012 – VI ZR 341/10 = wistra 2012, 380, 383; *Kuhlen*, NZWiSt 2015, 121, 124; Hauschka/Moosmeyer/Lösler/*Brouwer*, Corporate Compliance, § 59 Rn. 45, 62.

ren zu unerwünschten gesamtwirtschaftlichen Entwicklungen.[45] Die Diskussion scheint mir hier jedoch noch am Anfang zu stehen.[46]

7. *Zwischenergebnis*

Als Zwischenergebnis ist festzuhalten, dass es kein einheitliches Bild gibt, ob Compliance-Management-Systeme (nur) dem Schutz Dritter oder (auch) dem des zu betreuenden Vermögens dienen.[47] Oder, auch das ist in Betracht zu ziehen, soll beides geschützt werden?

Derartige Compliance-Management-Systeme haben (oder sollten jedenfalls auch) den Effekt (haben), das zu betreuende Vermögen zu schützen. Wer Dritte nicht schädigt und nicht gegen Normen verstößt oder andere gegen sie verstoßen lässt, setzt das eigene Unternehmen auch keinem Sanktionsrisiko aus. Gleichwohl bleibt die Frage zu beantworten, ob das strafrechtlich bewährte Verbot geschaffen ist, um Rechtsgüter Dritter zu schützen oder um Sanktionen von dem zu betreuenden Vermögen fernzuhalten.

Da die in Rede stehende Pflichtverletzung gerade dem Schutz des zu betreuenden Vermögens dienen muss, wäre man mit der strafrechtlichen Prüfung zu § 266 StGB am Ende, wenn man feststellen könnte, dass Compliance-Management-Systeme alleine dem Schutz Dritter dienen, also Vertragspartner und den lauteren Wettbewerb schützen sollen, im Ergebnis also kein Bezug zum Gesellschaftsvermögen hergestellt werden kann.[48]

So einfach liegen die Dinge aber nicht. Es lässt sich im Ergebnis wahrscheinlich nicht in Zweifel ziehen, dass Compliance-Management-Systeme **auch** dem Schutz des zu betreuenden Vermögens dienen sollen. Beispielsweise sollen Korruptionszahlungen das zu betreuende Vermögen nicht schmälern, ohne dass man in eine komplizierte Berechnung und Bewertung eintreten muss, ob die mit den Korruptionszahlungen verfolgten wirtschaftlichen Ziele und Erwartungen die weggegebenen Vermögenswerte übersteigen. Das ist die Logik der Entscheidung des Bundesgerichtshofs aus dem Jahr 1975 zu gekauften Bundesligaspielen zum Klassenerhalt.[49] Bei der Saldierung ist nicht nur einzustellen, was an Vermögens-

---

45 *Fischer*, StGB Vor § 298 Rn. 6; Kindhäuser/Neumann/Paeffgen/*Dannecker*, StGB Vor §§ 298 Rn. 15 f.

46 Vgl. auch *Michalke*, StV 2011, 245, 250.

47 Siehe zur Diskussion des Schutzzweckes *Michalke*, StV 2011, 245, 250; *Kuhlen*, NZWiSt 2015, 161 f.

48 Vgl. *Michalke*, StV 2011, 245, 250.

49 BGH, Urt. v. 27.2.1975 – 4 StR 571/74 = NJW 1975, 1234.

wert weggegeben worden ist – die Korruptionszahlung –, sondern auch zu berücksichtigen, was im Gegenzug dem Vermögen zugeflossen ist, etwa in Form von Eintrittsgeldern und Lizenzeinnahmen.

8. *Der vermögensschützende Charakter von Compliance-Management-Systemen*

Wenn man den vermögensschützenden Charakter der Verpflichtung zur Errichtung eines Compliance-Management-Systems bejaht, lässt sich folgerichtig eine Pflichtverletzung nicht von vorneherein verneinen. In diesem Fall gewinnt die Frage an Bedeutung, wie die Pflichtverletzung geschaffen sein muss.[50] Die Akzessorietät des Strafrechts zum Gesellschaftsrecht wirft das Problem auf, ob jeder gesellschaftsrechtliche Verstoß zugleich auch strafrechtlich relevant ist. Wer, wie ich, in der Tradition der "Frankfurter Schule"[51] steht, behilft sich mit der begrenzten Akzessorietät: Was zivil- oder gesellschaftsrechtlich in Ordnung ist, kann nicht strafrechtlich relevant sein.[52] Aber nicht alles, was gesellschaftsrechtlich beanstandet werden kann, muss zugleich strafrechtliche Bedeutung haben.[53] Diese Formel erlaubt aber wenig mehr als eine eigenständige strafrechtliche Prüfung, ohne dass Parameter erkennbar wären, wann gesellschaftsrechtliche Verstöße auch in eine strafrechtliche Verantwortlichkeit münden.
Die Rechtsprechung hat, anfangs noch mäandernd, inzwischen durch das Bundesverfassungsgericht geadelt,[54] vermeintlich eine Linie gefunden: Nur "gravierende" Pflichtverletzungen sollen die Anwendung des Untreuetatbestandes eröffnen.[55] Gravierend sollen Pflichtverletzungen dann

---

50 Semler/Peltzer/Kubis/*Taschke/Zapf*, Arbeitshandbuch für Vorstandsmitglieder, § 12 Rn. 8.

51 Vgl. *Jahn/Ziemann*, JZ 2014, 943 ff.

52 *Lüderssen*, FS Lampe, 727, 728 f.; *ders.*, FS Volk, S. 345, 346; so auch *Seibt/Schwarz*, AG 2010, 301, 304, 308; *Baur/Holle*, ZIP 2017, 555, 556 (zugleich Besprechung BGH, Urt. v. 12.10.2016 – 5 StR 134/15 = NStZ 2017, 227 [HSH Nordbank]).

53 *Lüderssen*, FS Lampe, 727, 728 f.; *ders.*, FS Volk, S. 345, 346; *Theile*, wistra 2010, 457, 459.

54 BVerfG, Beschl. v. 23.6.2010 – 2 BvR 2559/08, 2 BvR 105/09, 2 BvR 491/09 = StV 2010, 564, 568 m.w.N. zur Rechtsprechung des BGH; *Safferling*, NStZ 2011, 376 (gleichzeitig Besprechung des Beschlusses des BVerfG vom 23.6.2010 – 2 BvR 2559/08, 2 BvR 105/09, 2 BvR 491/09); *Fischer*, StGB Vor § 266 Rn. 61 ff.; *Bittmann*, wistra 2017, 121 ff.; *Gündel*, CB 2015, 397, 398 f.

55 *Safferling*, NStZ 2011, 376, 377; *Bittmann*, wistra 2017, 121, 122; *Altenburg*, BB 2015, 323, 324; vgl. auch *Lüderssen*, StV 2009, 486, 487.

sein, wenn sie „evident“ sind.[56] Die Strafrechtspraxis mag mit dieser Abgrenzung leben können, denn die Einstellungsmöglichkeiten der Strafprozessordnung erlauben das großzügige Aussortieren „nicht evidenter" Fälle. Aus der tautologischen Falle, dass gravierende Pflichtverletzungen evidente Pflichtverletzungen sind, gelangt man so schnell jedoch nicht hinaus.[57] Zu diesem Teilbereich der Diskussion hat Prof. Dr. Saliger mit seiner Analyse der Rechtsprechung einen differenzierten Beitrag geleistet, auf den ich an dieser Stelle verweisen möchte.[58]
Wenn der Prüfungsmaßstab auf eine evidente Pflichtverletzung geht, wird es dünn bei der strafrechtlichen Haftung wegen eines mangelhaften oder fehlenden Compliance-Management-Systems. Wahrscheinlich wird man mit einiger Erfolgsaussicht vertreten können, dass es eine evidente Pflichtverletzung ist, wenn ein Unternehmen überhaupt kein Compliance-Management-System hat.[59] In der Praxis dürften derartige Fälle kaum noch auftreten.
Der Regelfall dürfte inzwischen sein: Ein Compliance-Management-System war vorhanden, streitig ist allein, ob es effektiv war oder nicht. Man wird nicht umhinkönnen, dann jeweils im Einzelfall zu beurteilen, ob die Mängel im Compliance-Management-System derart gravierend waren, dass sie als evident zu bezeichnen sind oder nicht. Meine vorsichtige Prognose und Einschätzung: Das Strafrecht ist kein taugliches Mittel, um defizitäre Compliance-Management-Systeme durch eine strafrechtliche Untreue erfassen zu können.[60]

9. *Vorsatzfragen*

Vollends schwierig wird es dann, wenn wir uns Vorsatzfragen zuwenden: Auch eine fahrlässige Aufsichtspflichtverletzung genügt zur Verhängung

---

56 So zuletzt BGH, Urt. v. 12.10.2016 – 5 StR 134/15 = NStZ 2017, 227 (HSH Nordbank).

57 *Safferling*, NStZ 2011, 376, 377; *Seibt/Schwarz*, AG 2010, 301, 310 merken an, dass es bislang an einer hinreichend rechtssicheren Konkretisierung fehle.

58 s. Seiten 85ff. sowie *Seibt/Schwarz*, AG 2010, 301, 304, 314 zur Differenzierung zwischen einfachen und gravierenden Pflichtverstößen aus aktienrechtlicher Sicht.

59 Vgl. auch *Windolf*, NStZ 2000, 522, 524.

60 So auch *Michalke*, StV 2011, 245, 249; *Paefgen*, WM 2016, 433, 443; siehe auch *Theile*, wistra 2010, 457, 459; *Mosiek*, wistra 2003, 370, 374; *Grützner/Behr*, DB 2013, 561, 565; *Bock*, Criminal Compliance, S. 348; *Schünemann*, NStZ 2008, 430, 433.

einer Geldbuße nach § 130 OWiG. Fahrlässigkeit genügt bei der Untreue nach § 266 StGB aber nicht. Die Fälle einer fahrlässigen Verletzung der Pflicht zur Errichtung eines (effektiven) Compliance-Management-Systems kann man daher getrost aus der strafrechtlichen Betrachtung ausscheiden. Wenn man also (nur) den Vorwurf erhebt, ein Manager habe fahrlässig seine Aufsichtspflichten verletzt, hat man den Bereich der strafrechtlichen Untreue längst verlassen.
Eine Staatsanwaltschaft wird möglicherweise noch ermitteln können, ob das Management eines Unternehmens **vorsätzlich** Aufsichtsmaßnahmen unterlassen hat. Für die Ahndung als Ordnungswidrigkeit nach § 130 OWiG reicht das noch aus. Für eine Verfolgung als Straftat müsste darüber hinaus allerdings belegt werden, dass das Management Straftaten durch Mitarbeiter **und** die Festsetzung einer Sanktion zumindest billigend in Kauf genommen hat. Selbst wenn man also die Hürde einer **gravierenden** Pflichtverletzung nimmt, müsste man zusätzlich noch zu dem Ergebnis kommen, dass das Management die Verhängung von Sanktionen gegen das Unternehmen in Betracht gezogen und gleichwohl Maßnahmen zur Verhinderung unterlassen hat. Spätestens an dieser Stelle wird eine Staatsanwaltschaft die strafrechtliche Akte schließen und sich mit der Verfolgung von Versäumnissen des Vorstands auf der Ordnungswidrigkeitenebene, als Verletzung der Aufsichtspflicht, begnügen.

10. Fazit

Damit komme ich zu meinem **Ergebnis**: Im Grundsatz wird man prüfen und in Betracht ziehen können, ob ein fehlendes oder defizitäres Compliance-Management-System auf Seiten des Vorstands auch eine strafrechtliche Untreue darstellen kann. Das Fehlen eines Compliance-Management-Systems oder die Defizite müssten aber derart evident sein, dass eine strafrechtliche Pflichtenverletzung mit Händen zu greifen wäre. Dies wird angesichts der mittlerweile ausgeprägten Compliance-Kultur überhaupt nicht mehr oder allenfalls nur noch in wenigen Ausnahmefällen überhaupt möglich sein. In subjektiver Hinsicht müsste Vorsatz nachgewiesen werden, was praktisch unmöglich sein sollte.

Strafrechtliche Risiken unternehmerischer Entscheidungen aus dem Untreuetatbestand

Prof. Dr. Frank Saliger[*]

I. Problemaufriss

Vor 13 Jahren hat der Verfasser in kritischer Absicht die Frage aufgeworfen, ob und inwieweit es eine Untreuemode gibt, und für die damals lebhafte Untreuedebatte nach Möglichkeiten einer restriktiven Auslegung gesucht.[1] Seitdem ist die Untreuediskussion nicht zur Ruhe gekommen. Zahlreiche wichtige Entscheidungen des BVerfG und des BGH sowie die permanente Präsenz der Untreue in prominenten Strafverfahren geben der Diskussion in Wissenschaft und Praxis ständig neue Nahrung.

Zu den jüngeren Entwicklungen im Untreuestrafrecht gehört die zunehmende Tendenz der Strafjustiz – trotz der Schelte einer im Wesentlichen nicht aufgearbeiteten Finanzkrise[2] –, unternehmerische (Risiko)Entscheidungen nachträglich durch das Instrument des Untreuetatbestandes zu überprüfen.[3] Als Beispiele können die Strafverfahren in den Fällen BayernLB[4], HSH Nordbank[5], Sal./Oppenheim[6] oder Stadt Pforzheim[7] dienen. In allen diesen Fällen hat sich die Strafjustiz an die untreuestrafrechtliche Überprüfung hochkomplexer und (überwiegend) gescheiterter Risikoentscheidungen von Unternehmen, vornehmlich Banken (BayernLB: Erweiterung des Geschäftsfeldes durch Kauf einer ausländischen Bank; Sal./ Oppenheim: u.a. finanzielles Engagement bei einem kriselnden Unternehmen zur Vermeidung der Insolvenz; HSH-Nordbank: Abschluss eines der

---

* Prof. Dr. Frank Saliger ist Inhaber des Lehrstuhls für Strafrecht, Strafprozessrecht, Wirtschaftsstrafrecht und Rechtsphilosophie an der Ludwig-Maximilians-Universität, München.

1 *Saliger*, HRRS 1/2006, 10 ff.

2 Vgl. stellvertretend *Höft*, Strafrechtliche Aufarbeitung der Finanzkrise, 2018, S. 87 ff. und 313 ff.

3 Dazu auch *Altenburg*, BB 2015, 323; *Kudlich*, FS Streng, 2017, 63.

4 Siehe dazu etwa SZ vom 27.10.2014.

5 BGH NJW 2017, 578.

6 LG Köln BeckRS 2015, 118819; dazu BGH BeckRS 2018, 3155.

7 BGH Beschluss v. 19.9.2018 – 1 StR 194/18.

Verbesserung der bankenaufsichtsrechtlichen Eigenkapitalquote dienenden Finanzgeschäfts), aber auch Kommunen (Verbesserung des Schulden- und Zinsmanagements durch Abschluss von Zinsswap-Verträgen mit Banken im Fall der Stadt Pforzheim) gewagt.

Ob die Strafjustiz als weitere unternehmerische Kontrollinstanz neben den dafür eigentlich zuständigen Institutionen im und außerhalb der Unternehmen (z.B. Aufsichtsbehörden) taugt, ist eine offene Frage. Zahlreiche Merkmale der angeführten Strafverfahren offenbaren, dass die Strafjustiz hier jedenfalls an ihre Grenzen stößt. Das zeigen die schiere Länge, der Verlauf und der Stand der genannten Strafverfahren. So ist im Fall der BayernLB der Vorwurf, durch den Kauf der maroden Bank Hypo Alpe Adria im Jahr 2007 eine strafbare Untreue begangen zu haben, 2014 eingestellt worden.[8] Im Fall der HSH-Nordbank um Vorgänge aus dem Jahr 2007 ist der Freispruch der Angeklagten im Juli 2014 durch den BGH im Oktober 2016 aufgehoben und zur Entscheidung an eine andere Wirtschaftsstrafkammer zurückverwiesen worden.[9] Ein neuer Prozesstermin ist bislang (Stand: Januar 2019) nicht bekannt.[10] Im Fall Sal./Oppenheim um Vorgänge u.a. aus dem Jahr 2008 sind die Angeklagten im Juli 2015 verurteilt und die Verurteilungen im März 2018 durch den BGH im Wesentlichen bestätigt worden.[11] Verfassungsbeschwerden sind anhängig. Im Fall der Stadt Pforzheim um Vorgänge aus den Jahren 2003 bis 2008 sind die Verurteilungen der beiden Hauptbeschuldigten im November 2017 durch den BGH im September 2018 aufgehoben und die Sache an ein neues Tatgericht zurückverwiesen worden.[12]

Die schiere Länge der Strafverfahren, die mit ihnen verbundenen Kosten und die hohe Belastung für alle Beteiligten, insbesondere die Beschuldigten können freilich für sich noch keine hinreichenden Gründe für die Strafjustiz sein, unternehmerische Fehlentscheidungen überhaupt nicht mehr zu überprüfen. Denn das hätte eine Privilegierung von Wirtschaftsstraftätern zur Folge, die mit dem Grundsatz der Strafgerechtigkeit nicht zu vereinbaren wäre. Eine Strafjustiz, die komplizierten Strafverfahren im Wirtschaftsstrafrecht schon allein wegen des Zeit-, Personal- und Kostenaufwands aus dem Weg ginge, könnte sich dem Vorwurf der Klassenjustiz nicht erwehren.

---

8 Siehe ntv, 26.8.2014.

9 Vgl. BGH NJW 2017, 578.

10 Vgl. *Werner*, DIE WELT v. 28.10.2018.

11 LG Köln BeckRS 2015, 118819; BGH BeckRS 2018, 3155.

12 Vgl. BGH Beschluss v. 19.9.2018 – 1 StR 194/18.

Kein Grund für eine Nichtbefassung der Strafjustiz mit unternehmerischen Fehlentscheidungen wäre auch der Umstand, dass die mit diesen Entscheidungen befassten Organe nicht selten zu gänzlich verschiedenen Einschätzungen hinsichtlich der Strafbarkeit gelangen. Es liegt in der Natur komplexer Sachverhalte, dass ihre Bewertung durch Polizei, Staatsanwaltschaft und Strafgerichte unterschiedlich ausfallen kann. Es ist zudem das gute Recht von Verfahrensbeteiligten, erstinstanzliche Freisprüche oder Verurteilungen im Rechtswege überprüfen zu lassen. Soweit diese Überprüfungen zu einer langen Dauer der Strafverfahren in Wirtschaftsstrafsachen führen, folgt das aus der Struktur unseres Rechtsmittelsystems. Schließlich wäre auch die viel beklagte Gefahr von Rückschaufehlern („hindsight bias")[13] allein kein Grund für einen Verzicht der Strafjustiz auf eine Überprüfung unternehmerischer Fehlentscheidungen. Danach werde die Strafjustiz, so der Vorwurf, bei der ex-post-Rekonstruktion der ex-ante Perspektive der Entscheidungsträger zwangsläufig von der Kenntnis des negativen Ausgangs der Entscheidung in verzerrender Weise beeinflusst. In der Tat kann das Wissen um den negativen Ausgang einer Entscheidung die Neigung erhöhen, ein pflichtwidriges Handeln im Entscheidungszeitpunkt anzunehmen.[14] Vereinzelt lässt sich ein Rückschaufehler sogar bei der Bestimmung des Vermögensnachteils feststellen.[15] Jedoch ist für das Strafrecht als repressives Instrument allgemein der ex-post Zugriff auf Sachverhalte kennzeichnend und unverzichtbar. Zudem kann die Strafjustiz unternehmerische Risikoentscheidungen erst dann in den Fokus ziehen, wenn sie zu einem finanziellen Fehlschlag für das Unternehmen geführt haben, weil andernfalls der Vermögensnachteil für die Untreuestrafbarkeit fehlt.

Um Rückschaufehler bei der unvermeidlichen ex-post Rekonstruktion von wirtschaftsstrafrechtlichen Sachverhalten zu vermeiden, ist deshalb vor allem zweierlei wichtig: Zum einen muss die Strafjustiz den anerkannten Rechtssatz streng beachten, dass das bloße Eingehen riskanter Geschäfte grundsätzlich ebenso wenig schon eine strafbare Untreue begründet wie der schiere Fehlschlag solcher Geschäfte.[16] Zum anderen darf die ex-post

---

13 Vgl. aus dem strafrechtlichen Schrifttum etwa *Brüning/Samson*, ZIP 2009, 1089; *Bosch/Lange*, JZ 2009, 229; *Altenburg*, BB 2015, 323 (325 f.); *Kudlich*, FS Streng, 2017, 63 ff.

14 Auch *Schmidt*, Die Relevanz der Business Judgement Rule usw., 2015, S. 212.

15 Dazu etwa *Saliger*, NJW 2019 (im Erscheinen).

16 BGH StV 2004, 424; ferner NK-*Kindhäuser*, StGB, 5. Aufl. 2017, § 266 Rn. 73; SSW-*Saliger*, StGB, 4. Aufl. 2019, § 266 Rn. 61; AnwK-*Esser*, StGB, 2. Aufl. 2015, § 266 Rn. 123.

Rekonstruktion der ex-ante Entscheidungsbedingungen die realen Entscheidungsverhältnisse der Entscheidungsträger nicht verzerren. Insbesondere dürfen deren ex-ante Pflichten nicht normativ ex-post überzeichnet werden.

Dazu ist entscheidend, sich der Grundlagen des strafrechtlichen Umgangs mit Risikoentscheidungen zu vergewissern. Entscheidend wird dabei sein, die Business Judgement Rule (BJR) als Maßstab für die Grenzen unternehmerischer Entscheidungsfreiheit und ihre Anwendung auch im Strafrecht herauszuarbeiten und zu konturieren. Der Klärung bedarf insbesondere das Verhältnis der BJR zum Kriterium der „gravierenden Pflichtverletzung" (gPV) als Tatbestandskorrektur.

II. Der Begriff der unternehmerischen Entscheidung im Strafrecht

Zunächst sollen die Grundbegriffe geklärt werden, welche die strafrechtliche Dogmatik zu den Risikoentscheidungen bislang prägen. Das betrifft die Begriffe der unternehmerischen Entscheidung und des Risikogeschäfts sowie die Unterscheidung von Entscheidungen mit und ohne Handlungsspielraum.

In einem allgemeinen Sinne kann *Entscheidung* als Wahl einer Handlung aus mindestens zwei vorhandenen Handlungsoptionen unter Beachtung übergeordneter Präferenzen und Ziele verstanden werden.[17] *Unternehmerisch* ist die Entscheidung, wenn sie von Führungsgremien bzw. -organen im unternehmerischen Kontext, d.h. nicht nur bei Gelegenheit, sondern bewusst im Hinblick auf das Unternehmensinteresse getroffen wird. Eine *Fehlentscheidung* im unternehmerischen (nicht im strafrechtlichen) Sinn liegt vor, wenn die unternehmerische Entscheidung *ex ante* und *prima facie* nicht evident pflichtwidrig ist, sich später jedoch als Fehlschlag, d.h. sich im Hinblick auf das übergeordnete Ziel der Förderung des Unternehmensinteresses als untauglich oder für das Unternehmen nachteilig herausstellt.

Das *Risikogeschäft* ist ein Sonderfall der unternehmerischen Entscheidung.[18] Als Risikogeschäfte können Geschäfte begriffen werden, bei denen die Prognose, ob es zu einem Gewinn oder Verlust kommt, geschäftsimmanent mit einem *erhöhten* Maß an Ungewissheit behaftet ist (im Ver-

---

17 Exemplarisch *Laux/Gillenkirch/Schenk-Mathes*, Entscheidungstheorie, Grundlagen, 9. Aufl. 2014, S. 3 ff.

18 Siehe zum Folgenden bereits SSW-*Saliger*, § 266 Rn. 61 ff.

gleich zu Entscheidungen mit normalem unternehmerischem Risiko).[19] Beispiele für Risikogeschäfte sind Finanzierungsgeschäfte der Kreditvergabe und der Sanierung, Börsen-, Termin- und andere Spekulationsgeschäfte wie der Abschluss von Zinsswap-Verträgen.[20] Entgegen einer verbreiteten Meinung fallen *nicht* unter Risikogeschäfte Schmiergeldzahlungen und Pflichtverletzungen zur Parteienuntreue.[21] Denn das Risiko der (Nicht-)Entdeckung macht ein Geschäft noch nicht zum Risikogeschäft. Zudem stellt sich in diesen Fällen die für das Risikogeschäft typische Frage der Abgrenzung zwischen erlaubten und unerlaubten Vermögensrisiken nicht, weil die Pflichtwidrigkeit eindeutig ist. Ebenfalls nicht zu den Risikogeschäften zählen Investitionsgeschäfte in Werbung, Forschung oder Lagerhaltung, da hier kein geschäftsimmanent erhöhtes Prognoserisiko besteht.

Auf Risikogeschäfte finden grundsätzlich die allgemeinen Regeln für unternehmerischer Entscheidungen Anwendung. Im Zentrum der Rechtsanwendung steht die Frage nach der Erlaubtheit der eingegangenen Geschäftsrisiken und damit die Pflichtwidrigkeit des Handelns des Entscheidungsträgers, die bei einem wirksamen Einverständnis des Geschäftsherrn entfällt.[22] Entscheidend werden danach ausdrückliche (wirksame) Risikoabreden bzw. Risikokorridore, die der Geschäftsherr vorgibt und die die Grenzen der Dispositionsmacht festlegen.[23] Fehlt es an solchen Vorgaben des Geschäftsherrn (oder sind diese unvollständig bzw. nur allgemein), ist ein subjektiver Risikokorridor anhand des mutmaßlichen Willens des Vermögensinhabers auf Basis der vorhandenen Willenstatsachen unter Einbeziehung des Zwecks des Auftrags sowie der für das jeweilige Geschäft üblichen Sorgfalt zu ermitteln (z.B. § 93 I 1 AktG: Sorgfalt des ordentlichen

---

19 MüKo-*Dierlamm*, StGB, 3. Aufl. 2019, § 266 Rn. 228; SSW-*Saliger*, § 266 Rn. 61; Achenbach/Ransiek/Rönnau-*Seier*, Wirtschaftsstrafrecht, 4. Aufl. 2015, 5. Teil, 2. Kap., Rn. 339; AnwK-*Esser*, § 266 Rn. 124; Vgl. auch BGH StV 2004, 424, BGH NStZ 2013, 715 und BGH NJW 2017, 578 (582 Rn. 50).

20 Vgl. zu letzteren BGH BeckRS 2018, 32723.

21 Wie hier: SSW-*Saliger*, § 266 Rn. 61; auch *Weise*, Finanzielle Beeinflussungen von sportlichen Wettkämpfen usw., 1982, S. 329 ff. A.A. etwa Achenbach/Ransiek/Rönnau-*Seier*, Rn. 339; LK/*Schünemann*, StGB, 2017, § 266 Rn. 115, 118, 121; *Hellmann*, ZIS 2007, 433 f.; *Hillenkamp*, NStZ 1981, 165.

22 BGH StV 2004, 424 f.; NK/*Kindhäuser*, § 266 Rn. 73; MüKo-*Dierlamm*, § 266 Rn. 229 ff.

23 BGH StV 2004, 424 f.; MüKo-*Dierlamm*, § 266 Rn. 229 ff.; *Hillenkamp*, NStZ 1981, 165 f.

und gewissenhaften Geschäftsleiters).[24] Allein nach objektiver verkehrsüblicher Sorgfalt ist nur dann zu entscheiden, wenn überhaupt keine risikobezogenen Erklärungen des Vermögensinhabers vorliegen oder diese unwirksam sind.[25]
Ein Risikogeschäft ist erst dann *pflichtwidrig*, wenn es nach Abwägung von Gewinn- und Verlustchancen auch unter Berücksichtigung eines Handlungsspielraums wirtschaftlich eindeutig (klar und evident) nicht mehr vertretbar ist.[26] Ob darüber hinaus in besonderen Krisensituation eine Privilegierung auch höchst riskanter Geschäfte vertretbar ist, ist unklar.[27] Anerkannt ist demgegenüber, dass auch höchst riskante (Folge-)Sanierungskredite nicht pflichtwidrig sind, wenn sie Erfolg bei der Sanierung des Unternehmens und damit des gesamten Kreditengagements versprechen. Dass soll namentlich bei einem *wirtschaftlich vernünftigen Gesamtplan* der Fall sein, der auf einen einheitlichen Erfolg angelegt ist und bei dem erst nach einem Durchgangsstadium (Sanierung) ein Erfolg erzielt wird.[28]
Von Bedeutung für die strafrechtliche Bewertung von unternehmerischen Entscheidungen ist schließlich die Unterscheidung von unternehmerischen Entscheidung mit und ohne Handlungsspielraum. Unternehmerische Entscheidungen *mit Handlungsspielraum* sind alle Risikoentscheidungen in den angeführten Fällen der BayernLB, Sal./Oppenheim, HSH-Nordbank und der Stadt Pforzheim sowie etwa soziales, politisches, kulturelles oder sportbezogenes Sponsoring durch Unternehmen. Dagegen fallen unter unternehmerische Entscheidungen *ohne Handlungsspielraum* alle rechtlich gebundenen Entscheidungen, bei denen klare Gesetze, Statuten oder Vereinbarungen dem Geschäftsleiter eindeutig kein Handlungsermessen belassen. Dazu gehören z.B. die pflichtwidrige Abrechnung der Kosten für eine private Festschrift nebst Einladungen für ein Symposium oder die sat-

---

24 Vgl. BGH StV 2004, 424; Sch/Sch/*Perron*, StGB, 30. Aufl. 2019, § 266 Rn. 20; AnwK-*Esser*, § 266 Rn. 128; *Rose*, wistra 2005, 286.

25 SSW-*Saliger*, § 266 Rn. 63.

26 Sch/Sch/*Perron*, § 266 Rn. 20; MüKo-*Dierlamm*, § 266 Rn. 232; SSW-*Saliger*, § 266 Rn. 63.

27 Dafür SSW-*Saliger*, § 266 Rn. 63 mit einer Beschränkung auf dann schlechterdings nicht mehr vertretbares Handeln.

28 BGHSt 47, 148 (153); LG Arnsberg BeckRS 2013, 15115; MüKo-*Dierlamm*, § 266 Rn. 239; SSW-*Saliger*, § 266 Rn. 63, 75 und 121; *Waßmer*, in: Fischer u.a. (Hrsg.), Dogmatik und Praxis des strafrechtlichen Vermögensschadens, 2015, S. 177 ff.

zungswidrige Auszahlung von Sitzungsgeldern an Aufsichtsratsmitglieder für andere Termine als Aufsichtsratssitzungen.[29]
Die strafrechtliche Bedeutung dieser Unterscheidung liegt darin, dass allein bei unternehmerischen Entscheidungen mit Handlungsspielraum die nur auf diesen Entscheidungstyp zugeschnittene BJR[30] für die Abgrenzung zwischen strafrechtlich irrelevanter Fehlentscheidung und Untreue fruchtbar gemacht werden kann. Denn nur bei diesem Entscheidungstypus wird die Problematik akut, dass Ermittlungsbehörden komplexe und risikobehaftete Strategie- und Prognoseentscheidungen des Unternehmens überprüfen und abweichend von den Entscheidungsträgern im Unternehmen bewerten können.[31] Entsprechend verschieden nach dem Entscheidungstyp beurteilt sich die Ausgestaltung und Konkretisierung einer strafrechtsautonomen Schwere der Pflichtverletzung (gPV).

III. Das Kriterium der „gravierenden Pflichtverletzung" (gPv) in der Strafrechtsprechung

1. Die Entwicklung der Strafrechtsprechung zur gPv

a. Bankenuntreue

Ausgangspunkt für die Anerkennung des Merkmals der gPv sind zwei Entscheidungen des 1. Strafsenats des BGH zur *Bankenuntreue*. Im ersten Fall hatte die Bank das Kreditlimit eines Unternehmers zum Erwerb eines Lagers von nicht mehr aktueller Textilien erhöht, die weiterverkauft werden sollten. Das Engagement der Bank war fast doppelt so hoch wie die Summe der maximal realisierbaren Sicherheiten.[32] Im zweiten Fall veranlasste der Angekl. die Auszahlung von zwei Krediten im Volumen von 80 und 40 Mio. DM an Kreditbetrüger, was bei sorgfältiger Prüfung erkennbar gewesen wäre.[33] In beiden Fällen wird die untreuetaugliche Pflichtwidrigkeit auf die erhebliche Verletzung bankenüblicher Informations- und Prüfpflichten bezogen. Während im ersten Fall allerdings eine Pflichtver-

---

29 Siehe zu dieser Entscheidung statt aller SSW-*Saliger*, § 266 Rn. 49–51; *Bosch/Lange*, JZ 2009, 230; vgl. ferner *Seibt/Schwarz*, AG 2010, 312 ff. und *Bittmann*, wistra 2015, 6 ff.

30 BT-Drucks. 15/5092, S. 11.

31 Vgl. *Bosch/Lange*, JZ 2009, 230; kritisch *Kocher*, CCZ 2009, 216 ff.

32 BGH NJW 2000, 2364.

33 BGH NJW 2002, 1211.

letzung im Ergebnis verneint wird und nur die Rede davon ist, dass eine „hier allenfalls geringfügige" Verletzung der sich aus § 18 S. 1 KWG ergebenden Informationspflicht für sich die Annahme einer untreuetauglichen Pflichtverletzung nicht trägt[34], bindet der 1. Strafsenat im zweiten Fall die (dort bejahte) untreuetaugliche Pflichtverletzung explizit daran, dass die Entscheidungsträger ihre banküblichen Informations- und Prüfungspflicht hinsichtlich der wirtschaftlichen Verhältnisse des Kreditnehmers gravierend verletzt haben.[35] In beiden Entscheidungen bleibt unklar, ob sich die gPv auf das Gewicht der (verletzten) Pflicht oder auf Art und Ausmaß der Pflichtverletzung bezieht.

b. Sponsoring-Entscheidung

Aufgegriffen und weitergeführt hat der 1. Strafsenat des BGH das Kriterium der gPv in seiner *Sponsoring-Entscheidung* von Ende 2001. In dem Fall hatte der Angekl. als Vorstandsvorsitzender einer Verkehrs-AG, die in den zurückliegenden Jahren Verluste erwirtschaftet hatte, und als Präsident eines Sportvereins mehrmals insgesamt ca. 50.000 DM aus dem Vermögen der AG über die Sekretariatskasse an den klammen Sportverein gespendet. Die Spenden tauchten in der Buchhaltung des Vereins nicht auf.[36] Der BGH bestätigt die Verurteilung des Angekl. wegen Untreue. Zwar besitzt der Vorstand einer AG hinsichtlich seines sozialen, politischen oder kulturellen Sponsorings einen weiten Handlungsspielraum.[37] Auch genügt für die Annahme einer untreuetauglichen Pflichtverletzung nur eine gravierende gesellschaftsrechtliche Pflichtverletzung. Letzteres soll sich auf Basis einer Gesamtschau insbesondere der gesellschaftsrechtlichen Kriterien bestimmen wie Nähe zum Unternehmensgegenstand, Unangemessenheit im Hinblick auf Ertrags-/Vermögenslage, fehlende innerbetriebliche Transparenz sowie die Verfolgung sachwidriger Motive, namentlich rein persönlicher Präferenzen. Jedenfalls dann, wenn wie im vorliegenden Fall bei der Spendenvergabe sämtliche dieser Kriterien erfüllt sind, sind die äußeren Grenzen des unternehmerischen Ermessens überschritten und es liegt eine gravierende Pflichtverletzung vor.[38]

---

34 BGH NJW 2000, 2364 (2365).
35 BGH NJW 2002, 1211 (1213 f.).
36 BGH NJW 2002, 1585.
37 BGH NJW 2002, 1585 (1586).
38 BGH NJW 2002, 1585 (1587).

c. Kinowelt

In seiner *Kinowelt-Entscheidung* aus dem Jahre 2005 bekräftigt der 1. Strafsenat seine bisher gewonnenen Erkenntnisse zur gPv und konkretisiert die strafrechtliche Unrechtshöhe für Investitionsentscheidungen und Geldtransferleistungen innerhalb einer Unternehmensgruppe. In dem Fall hatte der Angekl. ungesicherte Kapitaltransfers (über 1 Mio. €) zwischen einer kriselnden Holding (Kinowelt) und einem konzernzugehörigen Unternehmen (Sportwelt) veranlasst, obwohl ein den Zahlungen zu Grunde liegendes Sanierungskonzept für die Holding erkennbar gescheitert war.[39] Auch hier bestätigt der BGH die Verurteilung wegen Untreue. Zur Begründung führt er aus, dass das Kriterium „gravierend" sich allgemein auf den weiten unternehmerischen Handlungsspielraum von Vorständen bei geschäftlichen Entscheidungen bezieht. Erst wenn „die – weit zu ziehenden äußersten Grenzen unternehmerischer Entscheidungsfreiheit überschritten (sind) und [...] damit eine Hauptpflicht gegenüber dem zu betreuenden Unternehmen verletzt" wird, liegt „eine Verletzung gesellschaftsrechtlicher Pflichten vor, die so gravierend ist, dass sie zugleich eine untreuetaugliche Pflichtwidrigkeit begründet.[40] Der BGH bejaht eine gPV, weil die Investitionen der Holding in die Tochter zu diesem Zeitpunkt nicht mehr vertretbar waren.

d. Mannesmann

Von diesen Grundsätzen des 1. Strafsenats wendet sich der 3. Strafsenat des BGH in seiner Entscheidung zum *Fall Mannesmann* ab. In dem Fall bewilligte der Aufsichtsrat der Mannesmann AG während der Übernahme der Mannesmann AG durch Vodafone verschiedenen Vorstandsmitgliedern überwiegend für dienstvertraglich erbrachte Leistungen nachträglich zuvor im Dienstvertrag nicht vereinbarte Sonderzahlungen in teils zweistelliger Millionenhöhe, die ausschließlich belohnenden Charakter hatten und dem Unternehmen keinen zukunftsbezogenen Nutzen brachten. Der 3. Strafsenat bejaht anders als das LG eine Strafbarkeit nach § 266 StGB.[41] Er führt aus, dass auch für Vergütungsentscheidungen ein durch § 87 Abs. 1 AktG konkretisierter Ermessensspielraum besteht. Insbesondere gelten die

39 BGH NJW 2006, 453.
40 BGH NJW 2006, 453 (454 f.).
41 BGH NJW 2006, 522.

Grundsätze der BJR ebenfalls im Rahmen des § 266 StGB. Allerdings verneint der 3. Strafsenat für kompensationslose Anerkennungsprämien, bei denen wegen des Wegfalls der Gesellschaft ein zukunftsbezogener Nutzen für die Gesellschaft a priori ausgeschlossen war, schon das Bestehen eines Beurteilungsspielraums. Der BGH wertet die Prämiengewährung daher per se als pflichtwidrig und vermögensschädigend.[42] Einen Verstoß gegen das Merkmal der gPv verneint der 3. Strafsenat, weil es sich bei der Prämiengewährung schon um keine Risikoentscheidung gehandelt habe. Im Übrigen äußert das Gericht in einem obiter dictum Zweifel, ob der Kriterienkatalog des 1. Strafsenats in der Sponsoring-Entscheidung insgesamt hilfreich ist.[43]

e. Untreuebeschluss des BVerfG von 2010

In seiner berühmten Untreueentscheidung aus dem Jahr 2010 äußert sich auch das *BVerfG* zu unserer Problematik. Es spricht dem Merkmal der gPv ausdrücklich eine tatbestandsbegrenzende Funktion zu und verteidigt es gegen Einwände.[44] Dabei weist das BVerfG mit Recht darauf hin, dass das Merkmal der gPv dem Gebot restriktiver Auslegung bei der Untreue Rechnung tragen kann. Insbesondere eröffnet es keine weiteren unvorhersehbaren Wertungsspielräume, weil sich „gravierende Pflichtverletzungen nur dann werden bejahen lassen, wenn die Pflichtverletzung evident ist."[45] Strittig ist, welchen Anwendungsbereich das Merkmal der gPv nach dem BVerfG hat. So ließe sich argumentieren, dass das BVerfG die gPv auf Entscheidungen mit Handlungsspielraum eingeschränkt habe[46], weil es nur entsprechende Rechtsprechung des BGH zitiere.[47] Dagegen spricht aber, dass das BVerfG zum damaligen Zeitpunkt gar keine andere Rechtsprechung zitieren konnte. Zudem und entscheidend kennt die Rede des BVerfG von der tatbestandsbegrenzenden Funktion der gPv keine Einschränkung auf Entscheidungen mit Handlungsspielraum. Deshalb wird

42 BGH NJW 2006, 522 (523–525).
43 BGH NJW 2006, 522 (526 f.).
44 BVerfG NJW 2010, 3209 (3215 Rn. 112).
45 BVerfG NJW 2010, 3209 (3215 Rn. 112).
46 So in der Tat *Bittmann*, wistra 2013, 6.
47 Vgl. BVerfG NJW 2010, 3209 (3215 Rn. 112).

man mit dem BVerfG das Merkmal der gPv als allgemeines Restriktionskriterium ohne Anwendungsbeschränkung verstehen dürfen.[48]

f. Trienekens

Diese Interpretation erfährt Bestätigung dadurch, dass *Strafsenate des BGH nach der Entscheidung des BVerfG* wiederholt an das Kriterium der gPv angeknüpft und dieses überwiegend als *allgemeines Restriktionskriterium* verwandt haben. Das gilt bereits für die *Trienekens*-Entscheidung des 2. Strafsenat des BGH. In dem Fall veranlasste Trienekens als alleinvertretungsberechtigter Geschäftsführer und Repräsentant der Mehrheitsgesellschafter der T-AG Zahlungen in Millionenhöhe an eine schweizerische Gesellschaft zur Finanzierung „nützlicher Aufwendungen“ für die T-AG, ohne volle Kontrolle über die Gelder zu behalten.[49] Der BGH bestätigt die landgerichtliche Verurteilung der Helfer wegen Beihilfe zur Untreue durch Führung einer schwarzen Kasse. Die Errichtung und Unterhaltung einer „Kriegskasse“ im Ausland wertet das Gericht als gPV der gesellschaftsrechtlichen Legalitäts- und Loyalitätspflicht.[50] Der Vermögensnachteil ergibt sich aus der konkreten Ausgestaltung der schwarzen Kasse, weil Trienekens keine volle Kontrolle über die Gelder besaß.[51]

g. Kölner Parteispenden

Auch der 1. Strafsenat des BGH verwendet im *Kölner Parteispenden-Fall* die gPv als allgemeines Restriktionskriterium. In dem Fall veranlasste der Angekl. als Vorsitzender des Kölner CDU-Kreisverbandes parteiengesetz- und satzungswidrig die Verschleierung von Parteispenden durch Angabe von

---

48 Str., wie hier: OLG Hamm wistra 2012, 439 (440) m. Anm. *Tierel*, jurisPR-StrafR 18/2012; OLG Celle BeckRS 2013, 15199; OLG Köln BeckRS 2014, 14061, S. 2; LG Essen BeckRS 2016, 04218, S. 106 f. m. Anm. *Köllner/Lendermann*, NZI 2016, 476; SSW-*Saliger*, § 266 Rn. 48; MR/*Matt*, StGB, 2013, § 266 Rn. 51, 76 ff.; *Seibt/Schwarz*, AG 2010, 310 ff.; *Schwerdtfeger*, Strafrechtliche Pflicht usw., 2016, S. 128 ff.; offen gelassen von BGH NJW 2015, 1618 (1620). A.A. OLG Braunschweig ZWH 2012, 494 (495) m. Anm. *Adick*; LK/*Schünemann*, § 266 Rn. 95 ff. (99 f.); *Bittmann*, wistra 2013, 6.

49 BGH NJW 2010, 3458.

50 BGH NJW 2010, 3458 (3460 f. Rn. 29 ff.).

51 BGH NJW 2010, 3458 (3462 f. Rn. 42 ff.).

Scheinspendern und fehlerhafte Verbuchung der Spenden in Höhe von 67000 Euro.[52] Der 1. Strafsenat sieht hierin eine gPV mit erheblicher Sanktionsgefahr für das Parteivermögen.[53] Obwohl das Gericht im Revisionsurteil eine Untreuestrafbarkeit verneint, weil ein kausaler Vermögensnachteil des Kreisverbandes nicht festgestellt sei, zeigt es für das Tatgericht gleichwohl Wege auf, um zu einer Untreuestrafbarkeit zu gelangen.[54]

h. IB-Fall

Keine Anwendungsbeschränkung des Merkmals der gPv erkennen lässt auch die Entscheidung des 5. Strafsenats im *IB-Fall.* In dem Fall legten die Angekl. als Organe der IB-GmbH, die faktisch wie die Abteilung eines Gesamtkonzerns geführt wurde, zwei geschlossene Immobilienfonds auf. Dabei übernahm die IB-GmbH Mietgarantien für jeweils 25 Jahre, für die sie Provisionen in Höhe eines prozentualen Anteils der jeweils garantierten Mietsumme vereinnahmte. Die StA wertete die Eingehung derart langfristiger Mietgarantien als pflichtwidrig, da für die IB-GmbH ohne entsprechende kalkulatorische Absicherung unüberschaubare Risiken begründet worden seien. Das LG sprach aus tatsächlichen Gründen frei, was der 5. Strafsenat bestätigt.[55] Der BGH lässt das Vorliegen einer gPV im Sachverhalt zwar offen, bejaht sie aber als generelles Untreuemerkmal, wenn die Pflichtverletzung klar und evident ist. Daran fehlt es bei einem Konzernsachverhalt, sofern der Untreuevorwurf sich einseitig auf einen Konzernteil fokussiert, insbesondere naheliegende Vorteile für den Gesamtkonzern vernachlässigt.[56]

i. Konzept Wahlsieg und Nürburgring

Uneindeutig positioniert sich der *3. Strafsenat* des BGH. Einerseits ordnet er im Fall *Konzept „Wahlsieg 2006“* die zweckwidrige Verwendung von

52 BGH NJW 2011, 1747.
53 BGH NJW 2011, 1747 (1749 Rn. 30).
54 BGH NJW 2011, 1747 (1750 f. Rn. 31 ff.).
55 BGH NStZ 2013, 715.
56 BGH NStZ 2013, 715.

Fraktionsgeldern als klar, evident und schwerwiegend ein, ohne zu entscheiden, ob die gPv ein generell geeignetes Restriktionskriterium ist.[57] Andererseits bezieht derselbe Senat im *Nürburgring-Fall* die Schwere der Pflichtverletzung allein auf die Überschreitung des weiten Beurteilungs- und Ermessensspielraums bei unternehmerischen Entscheidungen.[58] In dem Fall ging es vor allem um zwei Tatkomplexe: Zum einen schloss die staatliche Nürburgring-GmbH (NR-GmbH) mit der Gesellschaft von B und Me einen Projektfinanzierungs- und Entwicklungsvertrag mit dem Ziel der Investorenvermittlung. Im Erfolgsfall war eine Provision von 5 Mio.€ zu zahlen. Ein von der Gesellschaft präsentierter Investor übergab den Verantwortlichen der NR-GmbH einen (ungedeckten) Scheck über 67 Mio. Dollar. Auf Drängen von B und Me verpflichtete sich die NR-GmbH, binnen 48h nach Scheckübergabe eine Provision von 4 Mio. Euro zu zahlen, obwohl die Deckungsprüfung in dieser kurzen Zeit unmöglich war. Die Überweisung konnte allerdings rechtzeitig gestoppt werden. In dem anderen Tatkomplex mangelte es den Gesellschaften, die den Ausbau der Hotel- und Gastronomieanlagen auf dem Nürburgring übernehmen sollten, an Kapital. Der Angekl. veranlasste, dass die rheinlandpfälzische Landesbank stille Beteiligungen in entsprechender Höhe an diesen Gesellschaften erwarb, die im Gegenzug Grundsicherheiten gewährten. Das Land Rheinland-Pfalz sicherte die Darlehen der Landesbank mit Landesbürgschaften.[59] Der 3. Strafsenat des BGH hebt in beiden Tatkomplexen die vom LG bejahte Untreuestrafbarkeit auf. Obschon der weite Beurteilungs- und Ermessensspielraum der Entscheidungsträger in beiden Fällen überschritten worden ist und die Provisionsbewilligung und die Bürgschaftsvergabe (wohl wegen § 39 VV-LHO) daher gravierend pflichtwidrig waren[60], vermisst das Gericht fehlerfreie Ausführungen zur Annahme eines konkreten schadensgleichen Gefährdungsschadens.[61]

57 BGH NJW 2015, 1618 (1620) unter Berufung auf BVerfGE 126, 170 (210) m. Anm. *Altenburg*.

58 BGH NJW 2016, 2585 (2591 f. Rn. 60) Anm. bzw. Bspr. *Saliger/Schweiger*, 2600; *Brand*, NZG 2016, 690; *Rönnau/Becker*, JR 2017, 204; *Schlösser*, StV 2017, 123.

59 BGH NJW 2016, 2585 ff.

60 BGH NJW 2016, 2585 (2591 f. Rn. 56–60 bzw. 2594 Rn. 78 ff.).

61 BGH NJW 2016, 2585 (2592 f. Rn. 61 ff. bzw. 2593 f. Rn. 71 ff.).

2. *Analyse dieser Rechtsprechung*

Diese Rechtsprechung lässt sich wie folgt bilanzieren: Das Merkmal der gPv erfährt insbesondere nach der Entscheidung des BVerfG sowohl in der überwiegenden BGH-Rechtsprechung als auch in der ganz überwiegenden untergerichtlichen Judikatur[62] eine Verfestigung. Von dem einschränkenden Ansatz des 3. Strafsenats des BGH in der Mannesmann-Entscheidung wird insoweit abgerückt. Hinsichtlich der Konturierung des Merkmals der gPv in Bezug auf unternehmerische Entscheidungen ist allerdings noch manches unklar. Zur Klärung empfiehlt es sich, zunächst zwischen unternehmerischen Entscheidungen mit und ohne Handlungsspielraum zu differenzieren:

a. *gPV bei unternehmerischen Entscheidungen mit Handlungsspielraum*

Drei Auffassungen sind identifizierbar:[63] Zuerst zu nennen ist die *starr indizienbasierte* und *strafrechtsautonome Schweretheorie* der untreuetauglichen Pflichtverletzung bei unternehmerischen Entscheidungen mit Handlungsspielraum im *Sponsoring-Urteil*. Gegen sie spricht freilich die Irrelevanz, Willkürlichkeit und Überflüssigkeit einiger der angeführten Indizien. So besagt die Ertragslage eines Unternehmens schlicht nichts für die Frage, ob die äußersten Grenzen des unternehmerischen Handlungsspielraum überschritten sind und damit eine gPv vorliegt. Andernfalls wären prosperierende Unternehmen durch den Untreuetatbestand weniger geschützt als kriselnde Unternehmen. Das kann nicht richtig sein. Ähnliches gilt für das Kriterium der Transparenz. Im Untreuekontext spielt es keine Rolle, ob eine möglicherweise pflichtwidrige Handlung offen oder verdeckt erfolgt. So bleibt ein hochriskanter Sanierungskredit selbst dann pflichtwidrig, wenn er auf Basis eines transparenten, freilich unzureichenden Sanierungskonzepts ausgereicht wird.[64]

Nicht tragfähig ist des Weiteren die (eher) *zivilrechtsakzessorische Schweretheorie* des 3. Strafsenats des BGH im *Fall Mannesmann*. Diese Einstufung erklärt sich daraus, dass der 3. Strafsenat die Indizienlösung des 1. Strafsenat grundsätzlich anzweifelt und daher neben der Prüfung der gesell-

62 Siehe dazu die Nachweise oben in Fn. 48.

63 Zum Folgenden schon SSW-*Saliger*, § 266 Rn. 49 f. mit Einordnung auch des Schrifttums.

64 Weitere Argumente bei SSW-*Saliger*, § 266 Rn. 50.

schaftsrechtlichen Pflichtwidrigkeit keine spezifische strafrechtliche Wertungsstufe erkennen lässt.[65] Reine Akzessorietät zum Zivilrecht (oder öffentlichem Recht) erschöpft aber die Frage der Konturierung einer untreuetauglichen gPv nicht. Denn die unterschiedlichen Funktionen der jeweils einschlägigen zivilrechtlichen Regeln (Ausgleich, Enthaftung, Kontrolle, Mitbestimmung etc.) und des strafrechtlichen Vermögensschutzes (Rechtsgüterschutz) verlangen einen eigenständigen strafrechtlichen Filter.[66]

Vorzugswürdig ist daher die *nicht (starr) indizienbasierte strafrechtsautonome* („Hauptpflicht“[67]) *Schweretheorie* der gPv bei unternehmerischen Entscheidungen mit Handlungsspielraum, wie sie in dem *Kinowelt-Urteil* des BGH zumindest aufscheint. Als strafrechtsautonomes Prinzip der gPv kann die Evidenz dienen. Danach ist eine Pflichtverletzung dann gravierend, wenn sie auf Basis einer Gesamtwürdigung der Umstände *evident unvertretbar und/oder willkürlich* ist, weil sie auch unter Berücksichtigung des unternehmerischen Handlungsspielraums nicht mehr als eine ex ante im materiellen Unternehmensinteresse liegende Entscheidung gedacht werden kann.[68] Dieser strafrechtliche Filter bindet die gPv wie das BVerfG an die Evidenz[69] und setzt das verfassungsrechtliche Auslegungsziel des BVerfG um, das Merkmal der Pflichtwidrigkeit auf „klare und deutliche (evidente) Fälle“ zu beschränken.[70]

b. gPv bei unternehmerische Entscheidungen ohne Handlungsspielraum

Bei unternehmerischen Entscheidungen ohne Handlungsspielraum ist eine strafrechtsautonome Konkretisierung der gPv noch nicht abschließend geklärt. Als Veranschaulichung diene der Fall *Middelhoff*, wo M. Vorstandsvorsitzender der A-AG war, die sich in Schieflage befand und kurz nach Ausscheiden des M. Insolvenz anmeldete. Während seiner Vorstands-

---

65 A.A. *Schmidt*, Die Relevanz der Business Judgement Rule usw., 2015, S. 162.

66 Ebenso *Schmidt*, Die Relevanz der Business Judgement Rule, 2015, S. 163 f.; auch *Kutzner*, NJW 2006, 3543.

67 Vgl. oben III. 1. c. mit Fn. 40.

68 SSW-*Saliger*, § 266 Rn. 50; *ders.*, HRRS 2006, 20; AnwK-*Esser*, § 266 Rn. 72 f.; MR-*Matt*, StGB, 2013, § 266 Rn. 80, 83; *Helmrich/Eidam*, ZIP 2011, 260; *Schmidt*, Die Relevanz der Business Judgement Rule usw., 2015, S. 165 ff.; auch *Kubiciel*, NStZ 2005, 360. Vgl. auch unter Bezug auf § 93 Abs. 1 S. 1 AktG nun BGH NJW 2017, 578 (580): „schlechthin unvertretbares Vorstandshandeln“.

69 Dazu oben III. 1. e.

70 BVerfG NJW 2010, 3209 (3215 Rn. 111).

tätigkeit nahm M. zahlreiche privatgeschäftliche Mandate und Beschäftigungen wahr, die keinen Zusammenhang mit der AG aufwiesen. Insgesamt zur Last gelegt wurden M. 26 Fälle privat oder privatgeschäftlich veranlasster Reisen sowie eine Festschrift und ein Symposium, deren Kosten er gegenüber der AG abgerechnet hatte.[71] *Verurteilt* wurde M. wegen folgender Fälle der Veranlassung einer Kostentragung zu Lasten der AG[72]:

- Rein private Reisekosten (Charterflüge, Hotelübernachtungen, Limousinen-Services, Helikopterflüge);
- Reisen zur Wahrnehmung dienstlicher Termine nur „bei Gelegenheit", d.h. die Reise wurde überwiegend zur Betreuung privatgeschäftlicher Mandate vorgenommen, während die dienstlichen Termine für die AG von untergeordneter Bedeutung waren;
- Reisen mit Mehrkosten durch die Wahrnehmung privater Termine, d.h. es lagen „Mischreisen" vor, bei denen jedoch die Teilnahme an privatgeschäftlichen Terminen gestiegene Kosten verursachte;
- Angebliche Urlaubsunterbrechungen, d.h. Charterflüge von bzw. zu dem privaten Feriendomizil von M, die laut M. mit einer firmenbedingten Urlaubsunterbrechung des Arbeitnehmers vergleichbar seien;
- Reisen vom Wohnort zum Dienstort und zurück mit gechartertem Helikopter, um den Verkehrsstau zu „überfliegen", AG für M. Fahrer und Wohnung in der Nähe des Dienstortes finanzierte und keine Vereinbarung bzgl. „Heimflügen" bestand;
- Publikation einer Festschrift und Veranstaltung eines Symposiums (Kosten von 179.437,70 Euro) als privates Geschenk.

Alle vorgenannten Fälle wertete das Landgericht als untreuetaugliche gPv.[73] *Freigesprochen* wurde M. dagegen für die Veranlassung folgender Kostentragungen zu Lasten der AG:

- Gestaltung von Vorstandswochenenden in Form der Einladung von Führungskräften mit Ehefrauen auf privates Anwesen in Frankreich. Das Gericht sah nach umfassender Beweisaufnahme zum Ablauf der Treffen die Entscheidung für die Gestaltung derartiger Vorstandswochenenden als noch vom Führungs- und Gestaltungsermessen des M. gedeckt an.

---

71 LG Essen BeckRS 2016, 04218 m. instruktiver Anm. *Köllner/Lendermann* NZI 2016, 476.

72 Überblick bei *Köllner/Lendermann*, NZI 2016, 476.

73 Siehe LG Essen BeckRS 2016, 04218, S. 219, 221.

- Angeblich private Veranlassung von Charterflügen, die tatsächlich dienstlich veranlasst waren und auch vertraglich entsprechend genutzt werden durften;
- Reisen mit dienstlichen Mit-Reiseanlass und ohne Mehrkosten durch privaten Mit-Reiseanlass, da vertraglich die Kostenübernahme bei Mischreisen ohne privat veranlasste Mehrkosten gestattet war;
- Reise zu einem Termin mit zwar nur mittelbarem dienstlichen Zusammenhang, jedoch ohne Mehrkosten, so dass kein Schaden feststellbar war.

Auf dem Hintergrund dieses Falls empfiehlt sich für die Konturierung der gPv bei unternehmerischen Entscheidungen ohne Handlungsspielraum eine Unterscheidung nach *zwei* Fallgruppen:[74]

- Erstens die Verletzung außerstrafrechtlicher Pflichten, die vom *Gesetzgeber* oder dem *Treugeber* in Gesetz, Vertrag, Satzung oder behördlichem Auftrag als *so gewichtig* angesehen werden, dass ihre Verletzung i.d.R. auch die strafrechtliche Höhenmarke der gPv erreicht.[75] Als Beispiele können alle mit finanziellen Sanktionen (Gegenansprüche, Schadensersatz etc.) versehenen Pflichtverletzungen wie die sanktionsbewehrten Pflichten des Parteiengesetzes[76], die gesetzwidrigen Verhaltensweisen in § 93 Abs. 3 Nr. 1–9 AktG[77] oder die pflichtwidrige Abrechnung ausschließlich privat oder privatgeschäftlich veranlasster Reisekosten im Fall Middelhoff gelten.
- Zweitens der Verstoß gegen außerstrafrechtliche Pflichten, deren Verletzung trotz ihres zumindest mittelbaren Fremdvermögensschutzes *nicht automatisch strafbedürftig* erscheint. Hierzu gehören etwa die formellen Pflichten aus Zuständigkeits-, Form- und Verfahrensvorschriften sowie nebensächliche oder marginale Pflichten.[78] Das Vorliegen einer gPv beurteilt sich hier nach einer strafrechtsautonomen Gesamtwürdigung der Umstände wie Art, Bedeutung, Ausmaß und Folgen der Pflichtverletzung, Verschuldensgrad und die Verfolgung von Eigen- bzw. Sonderinteressen.[79]

---

74 Zum Folgenden SSW-*Saliger*, § 266 Rn. 51.

75 Vgl. bereits *Saliger*, Parteiengesetz und Strafrecht, 2005, S. 52; *Seibt/Schwarz*, AG 2010, 314.

76 *Saliger*, Parteiengesetz und Strafrecht, S. 25; vgl. auch BGH NJW 2015, 1618 (1619 f.).

77 *Seibt/Schwarz*, AG 2010, 314.

78 Vgl. auch *Bittmann*, wistra 2013, 7.

79 Vgl. *Seibt/Schwarz*, AG 2010, 314.

IV. Die Bedeutung der BJR – Zur Entscheidung des BGH im Fall HSH-Nordbank

Über die Unterscheidung von unternehmerischen Entscheidungen mit und ohne Handlungsspielraum hinaus bedarf bei unternehmerischen Entscheidungen mit Handlungsspielraum die *Bedeutung der BJR für das Untreuestrafrecht* näherer Klärung. Genau zu dieser Problematik hat sich der 5. Strafsenat des BGH in seinem vielbeachteten Urteil zum *Fall HSH-Nordbank* vom Oktober 2016 geäußert.[80]

In dem Fall geht es um das finanzielle Engagement der HSH-Nordbank auf riskanten Geschäftsfeldern. Noch im Jahr 2007 vergab die Bank so umfangreiche Kredite, dass die internen Obergrenzen für den Umfang der sog. Risk Weighted Assets (RWA), d.h. der durch Eigenkapital abzusichernden Risikoaktiva, deutlich überschritten wurden. Deshalb sollte die Eigenkapitalquote der Bank durch eine „RWA-Entlastungstransaktion" erhöht werden, ohne „dabei den Umfang der wirtschaftlichen Risiken maßgeblich oder überhaupt zu verändern". Die Verbesserung der Eigenkapitalquote sollte der Senkung der Refinanzierungskosten der Bank am Kapitalmarkt und der Verhinderung einer drohenden Herabstufung der Kreditwürdigkeit dienen. Nach dem Absprung eines Vertragspartners verblieb als einzige Option der Abschluss der „Omega 55"-Transaktion mit der französischen B., um wenigstens die angestrebte aufsichtsrechtliche Entlastung zu erreichen. Die Transaktion hatte den Charakter eines „Überkreuz-Geschäfts", weil die vermeintlich ausgelagerten Risiken wirtschaftlich letztlich doch bei der HSH-Nordbank verblieben. Die Entscheidung erfolgte trotz enormer Komplexität unter höchstem Zeitdruck (schriftliches Umlaufverfahren, keine Gesamtprüfung, lückenhafte Unterlagen). Die erhoffte Entlastung trat nicht ein. Die HSH-Nordbank erlitt einen Verlust von ca. 150 Mio. Euro.

---

80 BGH NJW 2017, 578 m. Anm. bzw. Bspr. *Baur/Holle*, ZIP 2017, 555; *Becker*, NStZ 2017, 232; *Bittmann*, wistra 2017, 121; *Kubiciel*, JZ 2017, 585; *Kuntz*, DB 2017, 37; *Leimenstoll*, StV 2017, 394; *Müller-Freienfels*, BB 2017, 81; *Nepomuk*, NZWiSt 2017, 119; *Scholl*, EWiR 2017, 103; *Schweiger*, WuB 2017, 294; *Stam*, JR 2017, 439; auch *Leite*, GA 2018, 580.

1. Die Rechtliche Bewertung des BGH

Das LG Hamburg verneinte eine gravierende und evidente Pflichtverletzung der Bankvorstände beim Abschluss der Transaktion „Omega 55".[81] Der 5. Strafsenat des BGH beanstandet die zweistufige Prüfung des LG Hamburg, das auf der ersten Stufe gesellschaftsrechtliche Pflichtverletzungen bejaht und auf der zweiten Stufe strafrechtsautonom die Schwere der Pflichtverletzung verneint hatte. Stattdessen hält der BGH eine Verletzung der in § 93 Abs. 1 AktG normierten äußersten Grenzen unternehmerischen Ermessens automatisch für so gravierend, dass sie eine untreuetaugliche Pflichtwidrigkeit begründet, weshalb für eine gesonderte Prüfung der Pflichtverletzung als »gravierend« bzw. »evident« kein Raum sei.[82]

Im Einzelnen verortet der 5. Strafsenat die strafrechtliche Bedeutung der BJR im Verhältnis von § 93 Abs. 1 S. 2 AktG zu § 93 Abs. 1 S. 1 AktG neu. Zunächst folgt er im Ausgangspunkt der Maßgabe des BVerfG, den Untreuetatbestand auf „klare und deutliche" Fälle pflichtwidrigen Handelns zu beschränken und eine gPV nur bei evidenter Pflichtverletzung anzunehmen. Die gPv bezieht der 5. Strafsenat allein auf die Generalklausel in § 93 Abs. 1 S. 1 AktG, wonach Vorstandsmitglieder bei ihrer Geschäftsführung die Sorgfalt eines ordentlichen und gewissenhaften Geschäftsleiters anzuwenden haben. Laut BGH soll aus einem Verstoß gegen § 93 Abs. 1 S. 1 AktG *stets* eine gPv i.S.d. § 266 StGB folgen (Automatismus).[83] Demgegenüber markiert die *BJR* nach § 93 Abs. 1 S. 2 AktG einen *„sicheren Hafen"*, so dass die Einhaltung der BJR eine *Pflichtverletzung* gemäß § 93 Abs. 1 S. 1 AktG und somit auch nach § 266 StGB *ausschließt*. Umgekehrt führt nach dem 5. Strafsenat ein Verstoß gegen § 93 Abs. 1 S. 2 AktG *nicht automatisch* zu einem Verstoß gegen § 93 Abs. 1 S. 1 AktG führen, sondern *indiziert* diesen nur. Eine untreuetaugliche gPv nach § 93 Abs. 1 S. 1 AktG liegt erst bei *schlechthin unvertretbarem* Vorstandshandeln vor, d.h. der Leitungsfehler sich auch einem Außenstehenden förmlich aufdrängt.[84]

Zu den Neuerungen des 5. Strafsenats gehört auch die *Neubestimmung von Maß und Abwägung der Informationspflichten* bei der BJR in § 93 Abs. 1 S. 2 AktG. Der BGH konkretisiert die vernünftige Annahme, auf Basis angemessener Information zu handeln, im Ausgangspunkt dahin, dass für eine sorgfältige Risikobewertung der Handlungsoptionen grundsätzlich alle in

---

81 LG Hamburg BeckRS 2015, 09104, VI. 2. b. und c. unter Bezug auf BVerfGE 126, 170 Rn. 110.

82 BGH NJW 2017, 578 (579 Rn. 24, 27).

83 BGH NJW 2017, 578 (579 Rn. 25).

84 BGH NJW 2017, 578 (579 Rn. 31).

der konkreten Entscheidungssituation verfügbaren tatsächlichen und rechtlichen Informationsquellen auszuschöpfen sind. Entscheidend für das Ausmaß der Informationspflichten wird damit die konkrete Entscheidungssituation. Insoweit genügt es, wenn sich der Vorstand in der konkreten Entscheidungssituation unter Berücksichtigung der Faktoren Zeit sowie Kosten und Nutzen weiterer Informationsgewinnung eine angemessene Tatsachenbasis verschafft. Dabei steht dem Vorstand ein dem konkreten Einzelfall angepasster Spielraum zu. Maßgeblich ist, was er vernünftigerweise annehme durfte.[85] Der BGH rügt vor allem, dass das LG bei der *Abwägung* des Maßes der Informationspflichtverletzung nicht alle wesentlichen tatsächlichen Gesichtspunkte erörtert hat. Insoweit sind neben dem vom LG beachteten Faktoren (etwa kein eigennütziges Handeln, Verfolgung wichtiger strategischer Ziele, keine Falschangaben durch Angeklagte, keine Überschreitung von Kredit- und Risikoobergrenzen, einhellige Empfehlung der Transaktion in den eingeholten Voten) in Ansatz zu bringen: Bedeutung und Kosten der Entscheidung für das Unternehmen, Überschreitung interner Vorgaben, Verschleierung, Warnsignale in den zustimmenden Voten (Hinweise auf Zeitdruck und Vorläufigkeit), Art und Gewicht von Vorinformationen, Relevanz von Boni für die Angeklagten bei Durchführung der Transaktion oder Verschleierung.[86]

2. *Würdigung der Entscheidung*

Um das Urteil, das ein sehr kontroverses Echo gefunden hat[87], richtig würdigen zu können, gilt es zunächst, sich über zwei Fragen Klarheit zu verschaffen.

---

85 BGH NJW 2017, 578 (580 Rn. 34).

86 BGH NJW 2017, 578 (580 f. Rn. 35–41).

87 (Überwiegend) Zustimmend etwa *Becker*, NStZ 2017, 232; *Schweiger*, WuB 2017, 296; *Scholl*, EWiR 2017, 103. Ablehnend etwa *Baur/Holle*, ZIP 2017, 555; *Kuntz*, DB 2017, 41 f. Differenzierend z.B. *Leimenstoll*, StV 2017, 394; *Brand*, NJW 2017, 582.

a. *Zweistufige Prüfung bei unternehmerischen Entscheidungen mit Handlungsspielraum*

Die erste Frage betrifft das Problem, ob und inwieweit die Lösung des 5. Strafsenats, obwohl er die zweistufige Prüfung des LG Hamburg verworfen hat, nicht ebenfalls eine zweistufige Prüfung voraussetzt.
Diese Frage ist zu bejahen.[88] Die *erste Prüfungsstufe* bei *unternehmerischen Entscheidungen mit Handlungsspielraum* bildet die allein auf diesen Entscheidungstyp zugeschnittene[89] *BJR* nach § 93 Abs. 1 S. 2 AktG. Hält das Vorstandsmitglied die Anforderungen der BJR ein, so scheidet eine untreuetaugliche Pflichtverletzung aus.
Verfehlt das Vorstandsmitglied dagegen die Anforderungen der BJR, so ist auf der *zweiten Prüfungsstufe* zu hinterfragen, ob es die *Sorgfalt eines ordentlichen und gewissenhaften Geschäftsleiters* nach *§ 93 Abs. 1 S. 1 AktG* eingehalten hat. Da der Verstoß gegen die BJR eine Verletzung von § 93 Abs. 1 S. 1 AktG *nur indiziert*, entsteht hier Raum für eine *selbständige* zweite Prüfungsstufe. Dieser Raum wird nach dem 5. Strafsenat ausgefüllt durch die Frage, ob ein *schlechthin unvertretbares* Vorstandshandeln, also ein sich jedem Außenstehenden aufdrängender Leitungsfehler vorliegt. Das entspricht der Wertung der untreuetauglichen gPv.

b. *Raum für strafrechtsautonome Prüfung*

Die zweite Frage betrifft das Problem, ob diese zweistufige Prüfung der gPv eine rein *gesellschaftsrechtliche* Prüfung ist oder ob sie auch Raum für *eine strafrechtsautonome* Betrachtung lässt.
Der 5. Strafsenat beantwortet diese Frage ausdrücklich nicht. Für die Annahme einer streng gesellschaftsrechtsakzessorischen Prüfung spricht, dass der 5. Strafsenat sich von der isolierten zweiten Prüfungsstufe der gPv des LG dezidiert abwendet und ferner meint, dass neben dem durch Art. 93 Abs. 1 AktG eingeräumten weiten unternehmerischen Entscheidungsspielraum kein Raum für die gesonderte Prüfung einer gPv ist.
Allerdings weist die *Mehrzahl* der Aspekte in der Entscheidung des 5. Strafsenats auf die nach wie vor gegebene *Notwendigkeit einer strafrechtsautonomen Prüfung*. Das ergibt sich bereits aus der Bemerkung des 5. Strafsenats, dass die „vom LG in seinem ‚zweiten Prüfungsschritt' herangezogenen Ge-

---

88 Vgl. auch *Stam*, JR 2017, 442.
89 BT-Drucks. 15/5092, S. 11; auch oben II.

sichtspunkte bereits im Rahmen der Prüfung, ob überhaupt ein Verstoß gegen § 93 Abs. 1 AktG gegeben ist, zu würdigen" sind.[90] Denn die zweite Prüfungsstufe des LG, die gPv, ist eine unmissverständlich strafrechtsautonome Prüfung gewesen. Bemerkenswert ist dabei, dass der 5. Strafsenat die Gesichtspunkte des LG auf die *Prüfung nach § 93 Abs. 1 AktG insgesamt* bezieht, also weder nur auf die BJR noch auf § 93 Abs. 1 S. 1 AktG.

Darüber hinaus *weicht* der 5. Strafsenat, wie bemerkt worden ist[91], auch hinsichtlich der *Neubestimmung von Maß und Abwägung der Informationspflichten* signifikant *von gesellschaftsrechtlichem Schrifttum ab.* So wird auf neuere gesellschaftsrechtliche Literatur hingewiesen, der zufolge bei Informationspflichtverletzungen entgegen dem BGH eine weitere Prüfung von § 93 Abs. 1 S. 1 AktG entbehrlich sei.[92] Zudem sei der Maßstab der Prüfung der Angemessenheit der Informationsgrundlage im Gesellschaftsrecht umstritten. Die wohl herrschende Ansicht im Gesellschaftsrecht jedenfalls unterziehe den Erkenntnisbereich (Informationsgrundlage) anders als den Handlungsbereich (Entscheidung zum Wohl der Gesellschaft) nicht nur einer zurückhaltenden und großzügigen Evidenzkontrolle, sondern einer engmaschigeren Plausibilitätskontrolle.[93] Soweit der 5. Strafsenat also eine vom Gesellschaftsrecht divergierende Konkretisierung des Maßes und der Abwägung der Informationspflichten bei der BJR vornimmt, vertritt er zwangsläufig eine strafrechtsautonome Bestimmung.

Mit Recht: Noch im WestLB-Fall erklärte der 3. Strafsenat des BGH lediglich, dass Handlungs- und Beurteilungsspielräume nur auf der Grundlage sorgfältig erhobener, geprüfter und analysierter Informationen bestünden.[94] Der 5. Strafsenat bezieht diesen Grundsatz nunmehr auf die konkrete Entscheidungssituation und *relativiert* ihn in Bezug auf die Faktoren *Zeit* sowie *Kosten und Nutzen weiterer Informationsgewinnung.* Das Gericht entspricht damit dem *Willen des Gesetzgebers* von § 93 Abs. 1 S. 2 AktG. Dieser wollte mit dem Haftungsfreiraum der BJR auch hinsichtlich der angemessenen Informationsgrundlage einerseits keine Verrechtlichung der auch von Instinkt geleiteten unternehmerischen Entscheidung herbeiführen

---

90 BGH NJW 2017, 578 (579 Rn. 28).

91 *Baur/Holle*, ZIP 2017, 558; *Kuntz*, DB 2017, 41 f.

92 *Baur/Holle*, ZIP 2017, 558 unter Bezug auf *Bachmann*, WM 2015, 105, 110 f. und *Scholz*, AG 2015, 222, 227.

93 Wiederum *Baur/Holle*, ZIP 2017, 558 unter Rekurs in Fn. 51 u.a. auf Spindler/Stilz-*Fleischer*, AktG, 3. Aufl. 2015, § 93 Rn. 71a und *Hüffer/Koch*, AktG, 12. Aufl. 2016, § 93 Rn. 21; ferner BGH (Z) NJW 2008, 3361 (3362 f. Rn. 11). Kritisch dazu z.B. *Kocher*, CCZ 2009, 220 f.

94 BGH wistra 2010, 21, 24 m. Anm. *Wessing*, BKR 2010, 159.

und dem Unternehmer den Mut zum unternehmerischen Risiko nicht nehmen. Anderseits sollten Unbesonnenheit und Leichtsinn auf Kosten der Kapitalgeber und Arbeitnehmer verhindert werden.[95] Der Gesetzgeber erkennt dabei den Vorstandsmitgliedern ausdrücklich eine *Entscheidungsfreiheit* schon bezüglich der *vor der Entscheidung* überhaupt *einzuholenden Informationen* zu. In der Gesetzesbegründung heißt es entsprechend:

> *„Es (das Tatbestandsmerkmal ‚angemessene Information') reflektiert, dass insbesondere bei Entscheidungen, die unter hohem und nicht selbsterzeugtem Zeitdruck zu fällen sind, eine umfassende Entscheidungsvorbereitung schwierig oder gar unmöglich sein kann … Abgestellt wird daher auf die vom Vorstandsmitglied vernünftigerweise als angemessen erachtete Information, auf deren Basis und nach deren freier Würdigung er dann eine unternehmerische Entscheidung fällt. Es wird dem Vorstand also in den Grenzen seiner Sorgfaltspflichten ein erheblicher Spielraum eingeräumt, den Informationsbedarf abzuwägen und sich selbst eine Annahme dazu zu bilden. Information kann nicht allumfassend sein, sondern hat betriebswirtschaftlich gegebene Schwerpunkte (Rentabilität, Risikobewertung, Investitionsvolumen, Finanzierung etc.).“*[96]

Auch im gesellschaftsrechtlichen Schrifttum ist anerkannt, dass sich der Vorstand einer AG bei eilbedürftigen Entscheidungen auf eine summarische Prüfung beschränken kann, ohne dass dies die Anforderungen aus Art. 93 Abs. 1 Sätze 1 und 2 AktG verletzt.[97] Indem der 5. Strafsenat die konkrete Entscheidungssituation zum Bezugsrahmen für das Ausmaß der Informationspflichten nimmt, stellt er strafrechtsautonom sicher, dass die *ex-ante-Perspektive* auf Tathandlung und Taterfolg bei der Untreue gewahrt wird.[98] Denn sie zwingt die Strafjustiz dazu, die wirtschaftliche Situation der Beschuldigten ex-ante genau in den Blick zu nehmen sowie ihre sich damals bietenden Handlungsalternativen zu ermitteln und zu bewerten. Nur durch eine solche strikte Orientierung der strafjustiziellen ex-post Rekonstruktion an die ex-ante Entscheidungssituation kann dem Rückschaufehler begegnet werden.

---

95 BT-Drucks. 15/5092, S. 11 f.

96 BT-Drucks. 15/5092, S. 12.

97 Vgl. nur MüKo-*Spindler*, AktG, 4. Aufl. 2014, § 93 Rn. 48; Hopt/Wiedmann-*Hopt*, AktG, Bd. 4/2, 5. Aufl., 2015, § 93 Rn. 84.

98 Zu dieser Perspektive statt aller SSW-*Saliger*, § 266 Rn. 62, 71 mwNw.

c. Keine Erstreckung auf Legalitätsverstöße

Schließlich streitet ein dritter Aspekt für eine strafrechtsautonome Prüfung. Der Anwendungsbereich der Verhaltensgeneralklausel in § 93 Abs. 1 S. 1 AktG ist weiter als der BJR in § 93 Abs. 1 S. 2 AktG, weil die Generalklausel sich allgemein auf „die Geschäftsführung" bezieht, während die BJR nur „unternehmerische Entscheidungen" (mit Handlungsspielraum) erfasst.[99] Mit Blick auf diesen unterschiedlichen Anwendungsbereich wird an dem Urteil des 5. Strafsenats kritisiert, dass seine pauschale Gleichsetzung eines Verstoßes gegen § 93 Abs. 1 S. 1 AktG mit einer gPv nicht nur unternehmerische Entscheidungen nach § 93 Abs. 1 S. 2 AktG, sondern *auch Verstöße gegen die Legalitätspflicht* erfasse. Letztere Verstöße dürften aber nicht automatisch eine untreuetaugliche gPv darstellen, weil sie auch Verstöße gegen nicht vermögensschützende Normen wie § 119 BetrVG einschlössen[100], welche z.B. vom 1. Strafsenat des BGH mit Fug nicht als untreuetaugliche Pflichtverletzung gewertet worden sind.[101]

Diese Kritik wäre berechtigt, wenn der 5. Strafsenat mit seiner Gleichsetzung von Verstößen gegen § 93 Abs. 1 S. 1 AktG und gPv auch Verstöße gegen die Legalitätspflicht gemeint hätte. Das ist indes nicht der Fall. Zum einen bezieht der 5. Strafsenat seine Gleichsetzung ausdrücklich nur auf eine gPv „im Sinne der oben genannten Rechtsprechung".[102] Sichtet man diese in Bezug genommene Rechtsprechung[103], so stellt man fest, dass diese allein unternehmerische Entscheidungen mit Handlungsspielraum zum Gegenstand hat[104], reine Legalitätsverstöße als gebundene Entscheidungen also nicht erfasst. Zum anderen thematisiert der 5. Strafsenat § 93 Abs. 1 S. 1 AktG später im Urteil ausschließlich im Kontext von Entscheidungen mit Handlungsspielraum.[105] Insoweit ist hervorzuheben, dass der 5. Strafsenat in seinem Urteil zur HSH-Nordbank zu reinen Legalitätsverstößen

---

99 BT-Drucks. 15/5092, S. 11.

100 So *Nepomuck*, NZWiSt 2017, 119.

101 BGH NJW 2011, 88 (92 Rn. 39) – AUB-Fall.

102 BGH NJW 2017, 578 (579 Rn. 25).

103 Das dürfte die in BGH NJW 2017, 578 (579 Rn. 24) zitierte Rechtsprechung sein, also BVerfG NZG 2010, 1143 Rn. 110 f. und BGH NStZ 2013, 715.

104 BGH NStZ 2013, 715 bezieht sich auf Risikogeschäfte; die in BVerfG NZG 2010, 1143 (1150 Rn. 112) = BVerfG NJW 2010, 3209 (3215 Rn. 112) genannte Judikatur rekurriert ebenfalls allein auf unternehmerische Entscheidungen mit Handlungsspielraum.

105 Vgl. BGH NJW 2017, 578 (579 Rn. 30, 580 Rn. 31).

gar nicht Stellung nimmt, einer strafrechtsautonomen Prüfung am Maßstab der gPv mithin keine Absage erteilt hat.[106]

d. Prozeduralisierung der BJR?

Auf Basis der herausgearbeiteten Aspekte des HSH-Nordbank-Urteils kann den Ausführungen des 5. Strafsenats nur beigepflichtet werden.[107] Das betrifft insbesondere die zweistufige Prüfung der unternehmerischen Entscheidungen mit Handlungsspielraum. Da der BJR die Funktion einer Haftungsfreistellung eignet[108], kommt ihr im strafrechtlichen Kontext mit Recht eine unmittelbar strafbarkeitsausschließende Wirkung zu. Wer die Anforderungen des § 93 Abs. 1 S. 2 AktG einhält, der kann keine untreuetaugliche Pflichtverletzung begehen. Umgekehrt folgt aus der Negativformulierung der BJR („eine Pflichtverletzung liegt nicht vor") entsprechend ihrer Funktion, dass das Verfehlen einzelner oder aller Anforderungen der BJR nicht direkt strafbarkeitsbegründend wirken kann. Insoweit kann die Verletzung der BJR nur Indiz für eine untreuetaugliche Pflichtverletzung sein.[109]

So richtig das einerseits ist, so weitgehend *unausgeschöpft* lässt der 5. Strafsenat andererseits den *Prozeduralisierungsgehalt der BJR für das Strafrecht.*[110] Die BJR ist im gesellschaftsrechtlichen Schrifttum schon als „umfassende Prozeduralisierung aller unternehmerischen Entscheidungen" bezeichnet worden.[111] Das trifft insbesondere zu auf die Voraussetzung der „angemessenen Information" als Entscheidungsgrundlage, die an Stelle inhaltlicher Entscheidungsvorgaben die Bedeutung von Verfahren und Dokumentation[112] für die Informationsbeschaffung, -auswertung und -bewertung hervorhebt.[113] Im strafrechtlichen Schrifttum ist dieser Zusammenhang schon

---

106 Vgl. im Ergebnis ebenso *Schweiger*, WuB 2017, 296 f. Siehe zu dieser Prüfung oben III. 2. b.

107 Zum hier aus Raumgründen nicht thematisierbaren Kapitalmarkterfolg als Kompensationsfaktor BGH NJW 2017, 578 (581 f. Rn. 50 ff.).

108 BT-Drucks. 15/5092, S. 11.

109 Diese Bestimmung der strafrechtlichen Bedeutung der BJR findet sich vor der Entscheidung des 5. Strafsenats bereits mit eingehender Begründung bei *Schmidt*, Die Relevanz der Business Judgement Rule usw., 2015, S. 209 ff. Der 5. Strafsenat zitiert die Arbeit nicht.

110 So bereits *Schweiger*, WuB 2017, 297 f.

111 *Binder*, ZGR 2007, 745 (750) unter Bezug auf *Fleischer*, NJW 2005, 3525 (3528).

112 Vgl. *Nolte*, PR-Compl 2/2017, S. 3.

113 *Binder*, ZGR 2007, 745 (751).

wiederholt mit unterschiedlichen Akzenten untersucht worden.[114] Immerhin setzt sich der 5. Strafsenat im Urteil zur HSH-Nordbank mit der Bedeutung und dem wahren Inhalt von Voten, der Beteiligung der Rechtsabteilung, von Vorinformationen und Ratingszenarien auseinander.[115] Auch damit trägt das Gericht dem Willen des Gesetzgebers Rechnung, der vermeiden wollte, dass „durch routinemäßiges Einholen von Sachverständigengutachten, Beratervoten oder externe Marktanalysen eine rein formale Absicherung stattfindet."[116] Auf diesem Weg sollte die Rechtsprechung voranschreiten.

V. Zusammenfassung

Bei der strafrechtlichen Bewertung von unternehmerischen Entscheidungen ist zwischen Entscheidungen mit und ohne Handlungsspielraum zu differenzieren. Für unternehmerische Entscheidungen mit Handlungsspielraum schließt nach dem HSH-Nordbank-Urteil des 5. Strafsenats die Einhaltung der BJR nach § 93 Abs. 1 S. 2 AktG auf der ersten Stufe eine untreuetaugliche Pflichtverletzung aus. Umgekehrt führt ein Verstoß gegen die BJR nicht automatisch zu einer untreuetauglichen Pflichtverletzung, sondern indiziert diese nur. Ob der Verstoß gegen die BJR eine gPv nach § 93 Abs. 1 S. 1 AktG begründet, beurteilt sich auf der zweiten Stufe danach, ob ein schlechthin unvertretbares Vorstandshandeln vorliegt. Bei beiden Prüfungsstufen besteht Raum für eine strafrechtsautonome Prüfung. Das gilt insbesondere für das Maß und die Abwägung der Informationspflichten, wo der 5. Strafsenat zu Recht die zentrale Bedeutung der konkreten Entscheidungssituation herausstreicht. Zu unternehmerischen Entscheidungen ohne Handlungsspielraum trifft der BGH in der HSH-Nordbank-Entscheidung keine Aussage. Weitgehend unausgeschöpft bleibt dort der prozedurale Gehalt der BJR. Insgesamt birgt die Verletzung der BJR damit signifikante, aber beherrschbare Strafbarkeitsrisiken aus dem Untreuetatbestand.

---

114 *Adick*, Organuntreue und Business Judgement, 2010, S. 70 ff.; *Francuski*, Prozeduralisierung im Wirtschaftsstrafrecht, 2014, S. 341 ff.; *Schweiger*, Prozedurales Strafrecht, 2018, S. 45 ff. und 289 ff. Allgemein zur Prozeduralisierung im (Straf-)Recht *Saliger*, in: Hassemer/Neumann/Saliger (Hrsg.), Einführung in Rechtsphilosophie und Rechtstheorie der Gegenwart, 9. Aufl. 2016, S. 434 ff.

115 Siehe BGH NJW 2017, 578 (580 f. Rn. 35–40).

116 BT-Drucks. 15/5092, S. 12.

„Compliancefälle" in der D&O-, StrafRS- und Vertrauensschadenversicherung

Dr. Horst Ihlas[*]

Wenn sich die Beteiligten am Industrieversicherungsgeschäft mit einem Korruptionsfall befassen müssen, wird den Versicherern mitgeteilt: „*Wir haben einen Compliancefall!*"
Deren Versicherung erfolgt in Deutschland vor allem über drei Randsparten:

- die Organhaftpflichtversicherung, besser bekannt als Directors & Officers-Versicherung (D&O) mit einem Prämienvolumen von rund 500 Mio. €,
- die Strafrechtsschutzversicherung (StrafRS) mit einem Prämienvolumen unter 100 Mio. € und
- die Vertrauensschadenversicherung (VSV) mit einem Prämienvolumen unter 200 Mio. €.

Ohne solche Versicherungen und insbesondere ohne die D&O-Versicherung wären Compliance-Organisationen unerträglich und undenkbar. In Ländern mit einer hohen Korruptionswahrnehmung sind solche Versicherungen noch weitgehend unbekannt und Compliance Organisationen selten.
Das Prämienvolumen dieser Randsparten ist im Vergleich zum klassischen Industrieversicherungsgeschäft gering. Verfügen die Unternehmen über firmeneigene Versicherungsmakler und betreiben diese auch noch das private Belegschaftsgeschäft, ist das anteilige D&O-, VSV- und StrafRS-Prämienvolumen unbedeutend. Andererseits ist das Interesse an den dort versicherten Schäden bei den betroffenen Leitungs- und Kontrollorganen sowie in den Medien und der Öffentlichkeit extrem hoch. Dieses Spannungsverhältnis ist insbesondere für die D&O und die StrafRS typisch. Es kann sich vom Beginn des Vertriebs bis zur Schließung der Schadenakten auswirken und führt mitunter dazu, dass die sich aus den Versicherungssparten selbst ergebenden Grundsätze dem Einfluss einer übergeordneten Portfoliobe-

[*] Dr. Horst Ihlas ist Financial Lines Versicherungsmakler und Inhaber der Dr. Ihlas GmbH, Köln.

trachtung ausgesetzt sind. Versicherungsmärkte entwickeln günstige Prämien. Kein Risikomanagement kann die Vorteile billiger Prämien ausgleichen. Die Prämien in diesen Randsparten enthalten wie auch in anderen Versicherungszweigen keine „Luft“ für Kulanzzahlungen. Insbesondere D&O-Fälle sind komplex und kompliziert. Daher suchen die Beteiligten regelmäßig nach Verhandlungslösungen, um die zeitraubenden Vorgänge endlich abschließen zu können.

Die D&O, VSV und StrafRS sind Vermögensschaden- und Kostendeckungen. Als Oberbegriff dafür hat sich die Bezeichnung Financial Lines etabliert. Sie überschneiden und ergänzen sich untereinander und auch mit anderen Financial Lines wie z.B. der Employment Practices Liability oder der Pension Trustee Liability. Vor der Anzeige eines Versicherungsfalles ist zu prüfen, ob und wann basierend auf welchen Informationen eine dieser Financial Lines Sparten betroffen sein könnte. Das ist bereits deshalb schwierig, weil sich die Informationslage anfangs noch dünn und später mitunter unübersichtlich und widersprüchlich gestaltet. Große Konzerne haben regelmäßig alle drei Policen abgeschlossen. Selbst wenn solche Policen fehlen, helfen die wechselseitigen Spartenabgrenzungen bei der Entscheidung, ob sich die Anzeige eines Versicherungsfalls lohnt. Denn die Versicherer werden ebenfalls prüfen, ob der angezeigte Fall einer anderen Sparte zuzuordnen ist, welche nicht bei ihnen eingedeckt ist, um dann auf diese anderweitige D&O, StrafRS oder VSV als vorrangig zu verweisen. Je kleiner die Unternehmen werden, desto häufiger fehlen die VSV und die StrafRS. Bei kleineren Familienunternehmen fehlt oft auch noch die D&O.

Die erste VSV gab es mit der Personenkautionsversicherung schon 1894. Die nachfolgend kurz vorgestellte VSV im heutigen Sinne wird seit 1959 angeboten.[1] Die erste D&O wurde 1895 für Aufsichtsräte angeboten und nach Intervention des preußischen Innenministers gegen das unmoralische Produkt ein Jahr später sogleich wieder vom Markt genommen.[2] Das „Versagen der Aufsichtsräte“[3] sollte nicht auch noch versichert werden. Die in den USA und UK ab 1929 entwickelten D&O-Policen kamen also erst spä-

1 *Robert Koch*, Vertrauensschadenversicherung, S. 11.

2 *Ihlas*, D&O, S. 103 m.w.N.

3 *Welp/Hennersdorf/Reimann/Salz/Schlesinger/Seiwert* in WiWo Ausgabe 35 v. 25.8.2017, S. 18 f. Die Kritik an der schlechten Aufsicht der Aufsichtsräte ist uralt. Sie ist mit Blick auf die geringe Vergütung und Tätigkeitsdauer einerseits und den Anteil von rund einem Drittel an allen veröffentlichten Urteilen zur Organhaftung von Vermögensschäden andererseits unverhältnismäßig. Unterstellt man pro Jahr einen Zeitaufwand von 240 Arbeitstagen beim Vorstand und sechs Ar-

ter heraus. Ein D&O-Markt hat sich zuerst in den USA ab den 70er Jahren gebildet. Das Bundesaufsichtsamt für Versicherungen genehmigte 1983 die StrafRS und drei Jahre später die erste D&O für Leitungs- und Kontrollorgane. Die zunehmende Kriminalisierung des Managements in den Bereichen Umwelt- und Produkthaftung war die Triebfeder der StrafRS. Die D&O verbreitete sich erst ab Mitte der 90er Jahre. Parallel zum D&O-Markt entwickelte sich die Compliance und Corporate Governance. Die Deutschland AG löste sich auf. Das tote *„Law in the books"* der Organhaftung verwandelte sich ab der Herstatt-Pleite 1974 bis zur Jahrtausendwende in ein dynamisches *„Law in action"*.[4]

Die Versicherten werden in diesen drei Policen pauschal erfasst. Die Versicherungsnehmerin schließt für sich als Mutterunternehmen und für alle Tochterunternehmen sowie alle dort tätigen Organe, Arbeiter und Angestellte diese Deckungen ab. Lediglich bei der D&O endet der Kreis der versicherten Personen unterhalb der Ebene der leitenden Angestellten. Die Kataloge der abstrakt bezeichneten mitversicherten Personen erstrecken sich darüber hinaus auf die Randbereiche wie Zeitarbeitnehmer, Subunternehmer, Syndikusanwälte, Mitarbeiter der Complianceorganisation und viele andere mehr. Die punktuell aufgeführten mitversicherten Personen füllen 1/3 bis hin zu einer ganzen Seite in den AVB.

Die vielen unterschiedlichen Details lassen sich hier weder beim Kreis der Versicherten noch bei den sonstigen Deckungsinhalten darstellen. Die sorgfältige Lektüre der jeweiligen Police ist unverzichtbar. Die in diesem Beitrag verwendeten Begriffe werden oft ausführlich und nicht immer gleichlautend in den Policen definiert. Es gibt keinen einheitlichen Aufbau. Die Definitionen können beispielsweise Ausschlüsse, Deckungserweiterungen oder Sublimitierungen enthalten.

Nun zu den wesentlichen Deckungsbestandteilen der einzelnen Sparten.

Directors & Officers
Versicherungsgegenstände

Die D&O-Versicherung hat zwei Versicherungsgegenstände. Dies ist zunächst einmal die persönliche Organhaftung (sog. Side A): *„Der Versicherer*

---

beitstagen beim Aufsichtsrat (40:1), dann löst die Kontrolltätigkeit 26mal häufiger Ersatzansprüche aus als die kontrollierte Tätigkeit; *Ihlas*, Organhaftung und Haftpflichtversicherung, S. 96.

4 *Ihlas*, D&O, Rechtsprechungsverzeichnis S. 723–788.

gewährt den versicherten Personen Versicherungsschutz für den Fall, dass sie erstmals während der Versicherungsperiode oder einer Nachmeldefrist wegen einer Pflichtverletzung, die sie in ihrer Eigenschaft als versicherte Personen begangen haben, auf Ersatz eines Vermögensschadens schriftlich in Anspruch genommen werden."

Der Versicherungsfall in der D&O ist die Anspruchserhebung. Der Anspruch muss in Textform geltend gemacht werden und dem Versicherten zugehen.

Die Police gewährt Rückwärtsversicherung. Versichert werden dadurch Ansprüche, die auf Pflichtverletzungen vor dem Versicherungsbeginn basieren. Üblich ist auch die Gewährung einer Nachmeldefrist, die auch Nachhaftungsfrist genannt wird. Sie beginnt mit dem Ablauf der letzten Periode und kann gegen Mehrprämie auf bis zu 10 Jahre ausgedehnt werden. Dies entspricht der maximalen Verjährungsfrist nach § 93 Abs. 6 AktG. Erfolgte die Pflichtverletzung vor dem Ablaufdatum der letzten Periode, kann die Anspruchserhebung bis zum Ablauf der Nachmeldefrist noch rechtzeitig erfolgen.

Bei jeder Haftung eines Organmitglieds stellt sich die Frage nach der Verantwortung des Unternehmens selbst. Dafür gibt es die sog. Company Reimbursement Deckung. Sie wird auch als Side B oder als Firmenenthaftungsversicherung bezeichnet. Ihr Gegenstand lautet: „*Hat die Versicherungsnehmerin oder ein Tochterunternehmen eine versicherte Person enthaftet (Verzicht, Freistellung, Vergleich, Entlastung o.ä. Maßnahme), so geht das Recht aus diesem Versicherungsvertrag in dem Umfang auf die Versicherungsnehmerin oder das Tochterunternehmen über, in welchem diese die versicherte Person enthaftet hat.*" Die Side B ist eine vertragliche Zessionsnorm und stellt sicher, dass der Schutz aus der Side A nicht im Zuge einer Enthaftung untergehen kann. Viele AVB fordern hier eine „rechtmäßige Freistellung", ohne dies zu definieren.

Während die Side A und die Side B zwingend notwendige Bestandteile der D&O sind, kann auf die gelegentlich anzutreffenden Gegenstände einer „Side C" und einer „Eigenschadendeckung" aus Sicht der versicherten Personen verzichtet werden.

Bei der Side C handelt es sich um eine Deckung nur für die juristische Person (sog. Entity-Deckung). Sie ist stets sublimitiert, d.h., dass es dafür nur einen Teil der Versicherungssumme gibt. Dadurch soll der Hauptzweck der D&O, die Organmitglieder persönlich zu schützen, nicht ausgehöhlt werden. Die Side C wird inhaltlich begrenzt auf die Wertpapierhaftung oder die Arbeitgeberhaftung aus Anstellungsschadenersatzansprüchen (sog. Employment Practices Liability).

Neu ist die sogenannte Eigenschadendeckung. Sie greift dort ein, wo für den Vermögensschaden des versicherten Unternehmens keine Haftung der versicherten Person besteht. Das Hauptbeispiel dafür ist der leitende Angestellte. Denkbar ist dies auch beim Geschäftsführer einer GmbH, dessen Haftung vertraglich auf grobe Fahrlässigkeit oder auf einen Höchstbetrag begrenzt wurde. Haftet z.B. der Geschäftsführer nur begrenzt bis 1 Mio. € und beläuft sich der Schaden auf 2 Mio. €, so wird durch die Eigenschadenerweiterung auch der Schaden oberhalb der Haftungshöchstgrenze von 1 Mio. € ersetzt.

Vorbeugende Rechtskosten und Umstandsmeldungen

Bereits vor der Anspruchserhebung gibt es bei den sogenannten vorbeugenden Rechtskosten[5] viele Ergänzung zu diesen drei Gegenständen der D&O Versicherung:

> *„Ist die Geltendmachung eines Haftpflichtanspruchs gegen eine versicherte Person noch nicht erfolgt, aber aufgrund der folgenden Umstände wahrscheinlich, übernimmt der Versicherer die damit verbundenen Abwehrkosten einer versicherten Person, nicht hingegen die Kosten der versicherten Unternehmen. Umstände in diesem Sinne liegen vor, wenn …"*

Vorbeugenden Rechtsschutz gibt es z.B. bei:[6]

- Ablehnung der Entlastung durch die Haupt- bzw. Gesellschafterversammlung
- Bestellung eines besonderen Vertreters zur Geltendmachung von Ansprüchen (§ 147 Abs. 2 AktG)
- Bestellung eines Sonderprüfers nach § 142 AktG
- Aufforderung des Unternehmens, das Organmitglied solle auf die Einrede der Verjährung verzichten
- Streitverkündung gegen eine versicherte Person
- gerichtlichem Antrag von Aktionären zur Bestellung eines anderen als des satzungsmäßigen Vertreters
- aufsichtsbehördlichen Untersuchungen (regulatory investigations): *„Der Versicherer erstattet den versicherten Personen ihre angemessenen und notwendigen Kosten, welche im Fall einer während der Versicherungsperiode*

5 *Ihlas* in Langheid/Wandt, Münchener Kommentar zum VVG, Bd. 3 D&O 320, Rn. 286.
6 *Ihlas* in Langheid/Wandt, a.a.O. Rn. 286.

eingeleiteten und gegen die versicherten Unternehmen gerichteten Maßnahme einer Aufsichtsbehörde (v.a. Börsenaufsicht, Kartellamt, BaFin, Untersuchungsausschüsse und vergleichbare Behörden im Ausland) für die Beratung und Begleitung eines durch sie beauftragten Rechtsanwaltes entstehen. Solche Maßnahmen sind unter der Voraussetzung, dass es u.a. um eine Pflichtverletzung einer versicherten Person gehen könnte: (1) die Beschlagnahme von Akten oder Datenträgern im Rahmen einer Hausdurchsuchung; (2) eine Verfügung der Aufsichtsbehörde, zwecks Herausgabe Datenträger zu erstellen oder zu vervielfältigen oder (3) eine Verfügung gegen eine versicherte Person, an einer Anhörung teilzunehmen, vernommen oder angehört zu werden. Kein Versicherungsschutz besteht für Kosten der Versicherungsnehmerin oder Tochterunternehmen."[7]

- Kosten im Zusammenhang mit Auslieferungsverfahren (extradition costs): „*Wird einer versicherten Person während der Versicherungsperiode ein formeller Bescheid über ein Auslieferungsgesuch erstmals zugestellt oder wird während der Versicherungsperiode aufgrund eines Auslieferungsgesuchs ein Haftbefehl gegen eine versicherte Person vollstreckt, so erstattet der Versicherer der versicherten Person die notwendigen und angemessenen Kosten der Verteidigung in dem Auslieferungsverfahren einschließlich der Kosten für eine im Zusammenhang hiermit gegebenenfalls zu stellende Bürgschaft oder Kaution. Vorbehaltlich der Zustimmung des Versicherers sind auch die notwendigen und angemessenen Kosten für weitergehende Rechts-, Steuer- und Public Relations-Beratung versichert, die damit zusammenhängen. Es gilt ein Sublimit in Höhe von € …*".[8]

In der Praxis werden diese Kostendeckungen von den Versicherten selten in Anspruch genommen. Dies liegt teilweise daran, dass den versicherten Personen dieser Schutz unbekannt ist. Sind die Unternehmen selbst betroffen, übernehmen diese zunächst oft auch die Kosten der versicherten Personen. Erwähnenswert ist zuletzt der Grundsatz „*Wer sich verteidigt, klagt sich an!*"
Die Voraussetzungen für die Inanspruchnahme der vorgezogenen Rechtskosten müssen dem Versicherer mitgeteilt werden. Wenn diese wie in den AVB als „Umstände" bezeichnet werden, hat dies eine erhebliche deckungsrechtliche Bedeutung. Neben der Anspruchserhebung als anzeigepflichtigem Versicherungsfall steht beim Anspruchserhebungsprinzip immer auch die optionale Anzeige von Umständen im Vorfeld eines Versicherungsfalls. Die Umstandsmeldung ist eine unverzichtbare Option für

---

7 *Ihlas* in Langheid/Wandt, a.a.O. Rn. 302.
8 *Ihlas* in Langheid/Wandt, a.a.O. Rn. 290.

die versicherten Personen und Unternehmen. Denn es kann für die Versicherten bereits vor dem Zeitpunkt der Anspruchserhebung wichtig sein, vorsorglich eine Anzeige von Umständen an den Versicherer abzugeben. Soweit auf diesen Umständen beruhende Versicherungsfälle später tatsächlich eintreten, gelten diese als innerhalb der Versicherungsperiode eingetreten, in der die Umstandsmeldung dem Versicherer zugegangen ist. Im Idealfall soll diese Meldung bedingungsgemäß enthalten „... *eine möglichst genaue Beschreibung der Umstände, die den Eintritt eines Versicherungsfalles erwarten lassen, Angaben über die Art und Höhe des möglichen Vermögensschadens bzw. des möglichen Verfahrens, Zeit, Ort und Art sowie Entdeckung der Pflichtverletzung und Angaben zu den betroffenen Versicherten und dem potenziellen Anspruchsteller.*" Umstandsmeldungen erfolgen im Zusammenhang mit Medienberichterstattung, diesbezüglichen oder allgemeinen Fragen der Versicherer nach bekannten Umständen, Erhöhungen der Versicherungssumme, dem bevorstehenden Wechsel des Versicherers oder der bevorstehenden Verschlechterung des Versicherungsschutzes.

Bei komplexen „*Compliancefällen*" können zwischen der ersten Möglichkeit der Abgabe einer Umstandsmeldung und der letztmöglichen wirksamen Anzeige eines Versicherungsfalls mehrere Jahre liegen. Ist die Police aber vorsorglich oder endgültig „getriggert", kommt es zu den üblichen Folgen einer Schadenanzeige in Form von Obliegenheiten, Deckungseinschränkungen und Prämienerhöhungen. Umstandsmeldungen haben daher erhebliche Folgen.

Die meisten D&O-AVB lassen die Frage unbeantwortet, ob mit der Anforderung von vorbeugenden Rechtskosten automatisch auch eine Umstandsmeldung erfolgt. Das verwundert, denn die Leistung von Kosten erfordert die Mitteilung von Umständen und reduziert die Versicherungssumme, welche nur einfach pro Jahr zur Verfügung steht. Also ist die Police tatsächlich „getriggert" auch wenn dies in den Bedingungen nicht steht.

Die versicherten Unternehmen versuchen meist erfolgreich, den Zeitpunkt der Deckungsauslösung und den Inhalt der Schadenanzeige zu kontrollieren. Der Besitz des Versicherungsscheins sowie die Zahlung der Prämien helfen der Versicherungsnehmerin dabei, voreilige Anforderungen von Rechtskosten, Umstandsmeldungen oder Versicherungsfallanzeigen zu vermeiden oder zumindest deren Inhalt zu prüfen. Bei mehreren betroffenen versicherten Personen und oft mehreren Sachverhalten besteht hier ein erheblicher Koordinationsaufwand. Auf Seiten der Unternehmen und auch der D&O-Versicherer werden dafür dann sog. *Monitorin Counsel* eingeschaltet.

D&O-Fälle sollen zwar vertraulich behandelt werden. In der Praxis kann ein Durchsickern in die Öffentlichkeit nur selten vermieden werden.[9] Es passiert häufig, dass die Medien von „*Compliancefällen*" berichten und die D&O-Policen nicht „getriggert" werden. Wenn z.B. Dritte Schadenersatzansprüche und Behörden Ordnungswidrigkeiten gegen die Unternehmen verfolgen, werden die Unternehmen selbst die Abwehr nicht durch Regresse im Innenverhältnis erschweren.

D&O Ausschlüsse

Von den vielen früher noch üblichen D&O-Ausschlüssen sind stichwortartig inzwischen nur noch übrig:

- Wissentliche Pflichtverletzung ab rechtskräftiger Feststellung ohne Zurechnung auf andere Versicherte
- Kenntnis von Umständen, die zu einem haftungsbewährten Vermögensschaden führen könnten, im Zeitpunkt Abschluss der Versicherung oder Erhöhung der Versicherungssumme. Abgestellt wird dabei ausdrücklich auf anhängige Rechtsstreitigkeiten, bereits gemeldete Umstände und eventuelle Angaben im Fragebogen (Erklärung zur Rückwärtsversicherung). Dabei soll keine Zurechnung auf andere Versicherte erfolgen (str.).
- Vertragsstrafen/Geldstrafen/-bußen mit Wiedereinschluss „*exemplary/punitive damages where allowed*"
- Verschiedene USA-Ausschlüsse, v.a. (1) Innenverhältnis mit Wiedereinschlüssen für *whistleblower* und Streitverkündung, (2) Pensionssondervermögen (ERISA) und (3) Wertpapierhaftung (SEC).

Bußgelder

Bei dem Ausschluss der Geldbußen ist streitig, ob und gegebenenfalls welche Positionen hier versichert sind. Es mangelt nicht am Begehren der Versicherten, wohl aber haben Versicherer bisher keine Bußgelder gezahlt. Wenn in pressebekannten „*Compliancefällen*" zwei bis knapp dreistellige Millionenbeträge seitens der Versicherer gezahlt wurden, dann lassen die

9 Ihlas, VW 2007, 660 zur Regulierung von D&O-Schäden: „Vertrauliche Öffentlichkeitsarbeit".

Vergleiche offen, wofür diese Summe gezahlt wurde. Tatsächlich sind es v.a. Abwehrkosten und falls etwas übrigblieb, sonstige Kosten und versicherte Vermögensschäden. Die Leistungen der Versicherer machen nur einen kleinen Teil des Gesamtschadens aus. Geldbußen sind keine Vermögensschäden. Sie werden auch im Rahmen der Strafrechtsschutzversicherung nicht erstattet. Die StrafRS hat übrigens auch nicht den Deckungsbaustein *„Stellvertretendes Einsitzen"*.

Spätestens seit den *„Compliancefällen"* bei Siemens und MAN nach der Jahrtausendwende stellte sich die Frage, wie weit bei Innenverhältnisansprüchen der Schutz unter den D&O-Police reicht. Die Praxis der „Nulltoleranz" zwang die Unternehmen konsequent zur Verfolgung von Schadenersatzansprüchen gegen die verantwortlichen Manager. Die Bußgelder der Unternehmen wurden bei diesen Regressen im Innenverhältnis auch in Ansatz gebracht. Das LAG Düsseldorf hat 2015 beim Schienenkartell den Ansatz verworfen[10], dass ordnungsrechtliche Unternehmens-Bußgelder in der gesellschaftsrechtlichen Betrachtung nach § 43 GmbHG oder § 93 AktG ersatzpflichtige Innenverhältnisschäden sein könnten. Denn die Sanktionen differenzieren hinsichtlich der Höhe zwischen der Leistungsfähigkeit der Unternehmen und der persönlichen Leistungsfähigkeit ihrer Organmitglieder. Bei den Unternehmen wird auf den Umsatz und den Gewinn zwecks Abschöpfung abgestellt. Diese ordnungsrechtliche Differenzierung könne nicht im Zivilrecht auf den Kopf gestellt werden. Mit dieser Argumentation wurde bereits die Haftung nach § 43 GmbHG verneint. Das BAG hat am 29.6.2017 diese Entscheidung aufgehoben und an das LAG zurückverwiesen, weil für die kartellrechtlichen Vorfragen ausschließlich die bei den ordentlichen Gerichten gebildeten Kartellspruchkörper zuständig sind.[11]

Dass Unternehmen Ihre hohen Bußgelder nicht über den Umweg der Innenverhältnishaftung auf Ihre Organmitglieder und damit auf den D&O-Versicherer abwälzen können, ergibt sich bereits anhand einer einfachen

---

10 LAG Düsseldorf VersR 2015, 629 zu § 81 GWB i.V.m. zwei Bußgeldforderungen in einer Gesamthöhe von 191 Mio. €. *Thomas* NZG 2015, 1409 f. verneint eine Haftung im Wege einer teleologischen Reduktion von §§ 43 GmbHG und 93 AktG um eine Durchbrechung des Sanktionssystems zu vermeiden. Zustimmend ebenfalls m.w.N. *Ihlas* in Langheid/Wandt, a.a.O. Rn. 802. A.A. Bruck/Möller/*Gädtke* Ziff. 5 AVB-AVG Rn. 124; *Reuter*, BB 2016, 1283; *Koch*, VersR 2015, 655; *Gädtke/Ruttmann*, VP 2015, 30; *Zimmermann*, WM 2008, 433, 442; *Fleischer*, BB 2008, 1070; *Glöckner/Müller-Tautphaeus*, AG 2001, 344; *Wilsing* in Krieger/Schneider § 31 Rn. 31.18 f.; *Hauger/Palzer* ZGR 2015, 33, 58.

11 BAG – 8 AZR 189/15 -; Vorinstanz LAG Düsseldorf Teilurteil vom 20.1.2015 – 16 Sa 459/14 -.

Ergebnisbetrachtung. Die in den USA verhängten Strafzahlungen nur für die Finanzinstitute beliefen sich von 2009 bis 2016 auf 321 Mrd. USD.[12] Das genaue D&O-Prämienvolumen weltweit ist unbekannt. Alle Schätzungen liegen deutlich unter 10 Mrd. USD.

Wissentliche Pflichtverletzung

Der heute übliche Text des Ausschlusses der wissentlichen Pflichtverletzung lautet:

> *„Ausgeschlossen ... Versicherungsfälle aufgrund von wissentlicher Verletzung einer gesetzlichen Pflicht oder einer Pflicht, die sich aus auf Unternehmensebene gesetztem Recht (zum Beispiel aus Satzungen, Richtlinien, Gesellschaftsverträgen, Handlungsanweisungen etc.) ergibt. Dieser Ausschluss greift jedoch nicht ein, sofern die versicherte Person bei der Verletzung dieser Pflicht unter objektiver Würdigung aller Umstände, insbesondere auf der Grundlage angemessener Informationen und unter Berücksichtigung der Rechtsprechung annehmen durfte, zum Wohl der Versicherungsnehmerin oder eines Tochterunternehmens gehandelt zu haben. Ist streitig, ob eine versicherte Person eine gesetzliche Pflicht oder eine Pflicht ... verletzt hat, besteht vorläufig Versicherungsschutz für die Abwehrkosten. Dieser ... fällt rückwirkend weg, wenn... rechtskräftig festgestellt wird. Der Versicherer verzichtet ... auf eine Rückforderung bereits geleisteter Abwehrkosten."*

Erkennbar ist hier die BJR und auch die deckungsrechtliche Praxis der Unschuldsvermutung. Die D&O-Versicherer tragen in *„Compliancefällen"* regelmäßig basierend auf einem deckungsrechtlichen Vergleich einen großen Teil der Abwehraufwendungen, weil die Frage des persönlichen Verschuldens selten abschließend geklärt wird. Sie bleibt in vielen Bußgeldverfahren haftungs- und später deckungsrechtlich offen.
Die Versicherten haben inzwischen erkannt, dass der mit Nulltoleranz verfolgte Haftungsanspruch gegen den Vorsatztäter deckungsrechtlich den Ausschluss der wissentlichen Pflichtverletzung auslöst. Hier müssen in die haftungsrechtlichen Streitigkeiten auch die Organpersonen einbezogen werden, denen lediglich eine fahrlässige Mitverursachung v.a. durch unterlassene oder schlechte Organisation und Kontrolle vorgeworfen werden kann. Alle modernen D&O-Bedingungen erklären ausdrücklich den Ver-

---

12 http://www.handelsblatt.com/finanzen/banken-versicherungen/nach-321-milliarden-dollar-strafe-banken-streichen-compliance-teams-zusammen/19567996.html.

zicht auf die individuelle Zurechnung von Ausschlussgründen bei einer versicherten Person auf alle anderen versicherten Personen.[13] Diese sogenannte Trennbarkeit (*severability*) ist eine wesentliche Ergänzung zur D&O und insbesondere zum Ausschluss der wissentlichen Pflichtverletzung.

Hat sich der Vorsatztäter bereichert und besteht eine VSV, wird vorrangig oder ausschließlich der Schadenersatz unter dieser Police gesucht. Das ist auch deshalb diskret möglich, weil die VSV keine Strafanzeige voraussetzt. Sollte bereits ein Ermittlungsverfahren gegen den Vorsatztäter eröffnet worden sein und sollte das Unternehmen den Schaden aus dem Vermögensdelikt erlitten haben, so kann es dem StrafRS-Versicherer gegenüber den Deckungsschutz für den Vorsatztäter untersagen.

Vertrauensschadenversicherung

Die VSV ist anders als die D&O und die StrafRS keine Versicherung zugunsten dritter versicherter Personen. Sie wird lediglich vom Mutterunternehmen zugunsten der Tochterunternehmen abgeschlossen. Die VSV hat drei Versicherungsgegenstände:

Versichert sind zunächst die Schäden am Vermögen der versicherten Unternehmen, die von Vertrauenspersonen durch vorsätzliche Handlungen, die nach den gesetzlichen Bestimmungen über unerlaubte Handlungen zum Schadenersatz verpflichten (§ 823 Abs. 2 BGB i.V.m. Schutzgesetz v.a. StGB), während der Versicherungslaufzeit unmittelbar verursacht werden. Auch das Wettbewerbsrecht enthält unerlaubte Handlungen. Im Ausland werden benannte Delikte als Gegenstand der Fidelity/Crime-Policen aufgeführt wie z.B. „Theft", „Burglary" etc. In Deutschland ist hier über die pauschale Einbeziehung von Schutzgesetzen möglicherweise auch eine Deckung für bestimmte *„Compliancefälle"* gegeben, soweit nicht der

---

13 Durch Anwendung des zur Vermögensschadenhaftpflichtversicherung ergangenen BGH Beschlusses IV ZR 322/14 vom 27.5.2015 (VersR 2015, S. 1156) auf die D&O-Versicherung kommt hier neuerdings *Langheid*, VersR 2017, 1365 zu einem differenzierenden Ergebnis. Bei Abwehrkosten soll die Trennbarkeit noch gelten, bei der Freistellungsverpflichtung schlägt *Langheid* bei Innenhaftungsfällen eine Kürzung des Anspruchs des Unternehmens gegen den fahrlässig Handelnden um den Anteil vor, welchen dieser vom Vorsatztäter im Innenausgleich verlangen könnte. A.A. *Ihlas* in Langheid/Wandt, a.a.O. Rn. 894 f. Mit Blick auf die Trennbarkeitsklauseln in der D&O ist die Übertragbarkeit der o.a. BGH-Rechtsprechung zu verneinen. Der parallele Meinungsstreit besteht beim Anfechtungsverzicht in der D&O. Siehe hierzu m.w.N. *Ihlas* a.a.O. Rn. 915 f. und Rn. 927 f.

Ausschluss von mittelbar verursachten Schäden eingreift. Rechtsprechung oder Präzedenzfälle dazu gibt es noch nicht.
Versichert werden neben dieser generalklauselartigen Grunddeckung weiterhin auch Schäden am Vermögen der Kunden der versicherten Unternehmen. Dies setzt voraus, dass eines der versicherten Unternehmen für vorsätzlich gegenüber ihrem Vertragspartner begangene unerlaubte Handlungen i.S.d. Grunddeckung von Vertrauenspersonen aufgrund zivilrechtlicher Zurechnungsvorschriften einzustehen hat.
Der dritte Gegenstand der VSV erfasst eng umschriebene Schäden durch Dritte. Stichwortartig sind dies:

- Hackerschäden mit und ohne Bereicherung, sog. Computer- und Datenmissbrauch (Vorteil gegenüber Cyberpolicen)
- Täuschung der Vertrauenspersonen durch gefälschte Zahlungsanweisungen, Wertpapiere, Rechnungen, Fake President
- Diebstahl oder Raub aus Tresor, Bankschließfach.

Die Abgrenzung der VSV zu den Cyber-Policen ist bei diesem dritten Gegenstand der VSV schwierig. Grundsätzlich gilt, dass ein unmittelbarer und zielgerichteter Hackerangriff unter die VSV fällt und dort auch der Vermögensschaden versichert wird. Die Cyber-Police versichert auch ziellose zufällige Datensicherheits- und Netzwerkverletzungen Dritter, leistet dann aber neben Kostendeckungen keinen Vermögensschadenersatz.
Die typischen Ausschlüsse in jeder VSV erfassen die mittelbaren Schäden (Folgeschäden, entgangener Gewinn), Krieg, Terror und die Schäden durch bekannte Vortäter, welche aus dem Kreis der versicherten Personen vom Arbeitgeber nicht entfernt wurden. Der Ausschluss von Schäden, welche unter einer Feuer- oder Einbruchdiebstahlversicherung versicherbar sind, erklärt sich aus dem zu weit gefassten ersten Gegenstand der VSV, der ohne diesen Ausschluss z.B. auch Brandstiftung erfassen würde. Letztlich gibt es einen Spekulationsausschluss (Untreue), der oft nur für Organmitglieder gilt. Unterhalb der Organebene besteht dann Versicherungsschutz, wenn entgegen der Richtlinien Händler ihre Befugnisse überschreiten und Vermögensschäden auslösen. Diese historisch bedingte Spekulationsdeckung unterhalb der Organebene wird bei Finanzdienstleistern von den Versicherern geschlossen.
Der VSV-Versicherungsschutz setzt keine Strafanzeige und keine strafrechtliche Verurteilung voraus. Weit verbreitet ist die VSV bei Banken und Notaren. Die Versicherungsnehmer müssen selbst alle Deckungsvoraussetzungen darlegen und beweisen. Die Vertragsparteien bedienen sich dabei oft forensischer Dienstleiter.

Besteht ein Vorsatzverdacht und ist das Unternehmen selbst geschädigt, wird zunächst nur die VSV in Anspruch genommen. Denn ein Vorsatztäter kann auch die beste Organisation und Kontrolle umgehen und das Managementumfeld selbst durch Täuschung zum Opfer machen.
Bei den Schäden durch Dritte sind momentan die sogenannten Fake President Fälle[14] erwähnenswert. Dabei geht es um eine moderne Köpenickiade. Statt einer Uniform reichen hier bereits Emails und Telefonate. Mitarbeiter werden mit der scheinbaren Autorität von Vorgesetzten zu eiligen und streng geheimen Vermögensverfügungen an Dritte unter Umgehung von Kontrollmechanismen und Zuständigkeiten veranlasst. Der Betrüger ist dann dieser Dritte. Besteht hier unter einer VSV Versicherungsschutz und reicht deren Versicherungssumme aus, wird die D&O-Police nicht „getriggert".
Anderenfalls können Fake President Fälle in der D&O-Schadenregulierung mitunter peinliche Pflichtverletzungen in der Zahlungsorganisation und -kontrolle aufdecken. Die D&O kann bei solchen Fällen gerade deshalb relevant werden, weil sie regelmäßig eine deutlich höhere Versicherungssumme hat. Grundsätzlich sollten eine ordentliche Unternehmensleitung und ein modernes Risikomanagement größere Vertrauensschäden vermeiden können. Tritt dennoch ausnahmsweise ein das GuV-Ergebnis deutlich verschlechternder Vertrauensschaden ein[15], liegt die Verletzung von Organisations- und Kontrollpflichten und damit ein D&O-Versicherungsfall nahe. In der VSV-Schadenregulierung führen solche Pflichtverletzungen wiederum zu Rückkopplungen. Denn ein anrechenbares Mitverschulden des Versicherten und seiner Organe führt nach § 82 Abs. 3 VVG zur Schadenminderung unter der VSV. Auch die Revision und die Forensik wird die Frage beantworten müssen, ob zukünftig ein Korrekturbedarf bei den Organisations- und Kontrollmechanismen und ihrer Umsetzung im Unternehmen empfehlenswert ist.
Fälle mit schwarzen Kassen und nützlichen Aufwendungen tangieren neben der VSV und der D&O auch die StrafRS.

14 Auch als CEO Fraud oder CEO Betrug bezeichnet. Zum Fake President Risiko vgl. z.B. https://www.pwc.at/de/herausforderung/fake-president.html.

15 Ein aktuelles Beispiel für einen 40 Mio. € Fake President Schaden findet sich unter https://www.capital.de/karriere/betrueger-erbeuten-40-mio-euro-von-leoni; ABB erlitt einen 103 Mio. USD Vertrauensschaden in Südkorea: http://www.spiegel.de/wirtschaft/unternehmen/abb-veruntreute-millionen-pruefer-werfen-abb-versagen-vor-a-1138483.html.

Strafrechtsschutzversicherung

Die Strafrechtsschutzpolicen sind katalogartig ausgestaltet. Den Gegenstand dieser Versicherung bildet die Tragung der Kosten nach deutschem und ausländischem Recht durch den Versicherer, wenn gegen Versicherte erstmals während der Versicherungsperiode wegen eines dienstlichen Fehlverhaltens eines der folgenden Verfahren betrieben wird:

- Strafrechtsschutz bei Vergehen
- Ordnungswidrigkeiten-Rechtsschutz
- Zeugenbetreuung und -beratung (auch bei Anordnung von Beugemitteln wie Ordnungshaft und Ordnungsgeld)
- Firmenstellungnahme (Anwaltliche Vertretung des versicherten Unternehmens, wenn gegen unbekannte oder namentlich benannte Personen in diesem Unternehmen ermittelt wird)
- Standes- und Disziplinarrecht
- Verwaltungs-Rechtsschutz
- Verkehrs-Rechtsschutz.

Der Versicherungsnehmerin kann aber bei diesem Vertrag für fremde Rechnung der Rechtsschutzgewährung für versicherte Personen widersprechen, wenn sie oder andere versicherte Unternehmen selbst das Opfer sind.
Die Versicherungssumme wird bei größeren Unternehmen regelmäßig zweifach maximiert vereinbart. Die Versicherungssumme steht in der D&O und der VSV grundsätzlich nur einmal zur Verfügung.
Auch die versicherten Kosten werden wie zuvor die versicherten Verfahren einzeln aufgeführt. Regelmäßig wird deren Angemessenheit vorausgesetzt und oft werden unterhalb der Versicherungssumme kleinere Beträge den Kostenarten als Höchstbetrag zugeordnet (Sublimitierung). Erfasst werden stichwortartig die folgenden Kosten:

- Verfahren (Gericht, Zeugen, gerichtliche Sachverständige)
- Anwaltshonorare und übliche Auslagen: um hier eine Angemessenheitsdiskussion zu vermeiden sind Vereinbarungen mit den Versicherern üblich. Da der Versicherer die Unangemessenheit nachzuweisen hat, werden solche Reduktionen auf krasse Fälle beschränkt bleiben. Bei mehreren versicherten Personen mit unterschiedlichen Interessen werden auch die Kosten für mehrere Strafverteidiger übernommen. Das kann bei den Kollegialorganen der Unternehmen zu erheblichen Abwehraufwendungen führen.
- Reisen Rechtsanwalt

- Reisen versicherter Personen
- Nebenklage
- Verteidigungs-Sachverständigen
- Kautionen
- Übersetzungen-/Dolmetscher.

Beim Versicherungsfall ist zu differenzieren. Beim Straf- und Ordnungswidrigkeitenverfahren wird auf die Einleitung eines Ermittlungsverfahrens abgestellt. Maßgeblich ist die aktenmäßige Verfügung der zuständigen Behörde. Beim Zeugenbeistand gilt die Aufforderung zur Zeugenaussage als Versicherungsfall. Im Standes- und Disziplinarrecht ist der sog. Trigger der Deckung wiederum die Einleitung des Verfahrens.

Der wichtigste Ausschluss ist derjenige bei rechtskräftiger Verurteilung wegen einer Vorsatzstraftat. Auch hier greift wie in der D&O zunächst die Unschuldsvermutung. Die Bedingungen differenzieren bezüglich der Rückerstattungspflicht. Beim Abschluss des Verfahrens durch einen Strafbefehl wird teilweise keine Rückerstattung gefordert. Teilweise werden auch die Kosten einer Firmenstellungnahme nicht erstattungspflichtig. Erfolgt die Verurteilung wegen bedingten Vorsatzes (dolus eventualis) und wird lediglich eine Geldstrafe verhängt, entfällt ebenfalls bei einigen Versicherern die Pflicht zur Rückerstattung.

Standardmäßig ausgeschlossen werden Verfahren im Zusammenhang mit Preis- und Ausschreibungsabsprachen. Bei kleineren Unternehmen können kartellrechtliche Ausschlüsse gelegentlich fehlen.

Soweit im Ausland die Strafbarkeit des Unternehmens selbst möglich ist, wird auch dies ausgeschlossen. Vom Deckungsgebiet her sind Ausschlüsse für die USA oder Begrenzungen auf Europa häufig anzutreffen. Um die Policen vor Frequenzschäden zu schützen, sind Ausschlüsse des StVG und der StVO ebenfalls üblich. Nicht versichert und nicht versicherbar sind die Bußgelder selbst und das *„stellvertretende Einsitzen"*. Hier ist ein Ausschluss mangels Einschluss nicht notwendig.

Die StrafRS ist ein deutsches Versicherungsprodukt. Im Bereich der vor einer Anspruchserhebung in der D&O gewährten Abwehraufwendungen kann es zu Überschneidungen zwischen beiden Deckungen kommen. D&O-Klauseln sichern z.B. die Kostenübernahme bei Firmenstellungnahmen, Zeugenbeistand oder hoheitlichen Untersuchungen, die später zu D&O-Versicherungsfällen führen könnten. Überschneidungen zwischen diesen Policen sind auch bei den Umstandsmeldungen im Rahmen der D&O möglich, denn dort können vorsorglich mögliche zukünftige Versicherungsfälle angezeigt werden. Das führt sofort zu Obliegenheiten, welche gegenüber dem D&O-Versicherer zu erfüllen sind. Diese Überschneidungen können zu Konflikten führen, z.B. bei der Erfüllung der Obliegenheiten, der Wahrung von Fristen, Aussageverweigerungsrechten und der vertraulichen Kommunikation zwischen Angeklagtem und Verteidiger. Ein laufendes strafrechtliches oder behördliches Verfahren mit präjudizieller Wirkung für die nachgelagerte zivilrechtliche Haftung erfordert eine individuelle Abstimmung mit dem D&O-Versicherer. In den Fällen mit einem Monitor aus den USA wird es unübersichtlich.

Einzelne Themen

Seit ihrer Genehmigung durch das BAV im Jahre 1986 steht die D&O im Zentrum der Diskussion. Dabei wurde zunächst das „Ob“ und später das „Wie“ thematisiert.
Die nachfolgend zusammengefassten Befürchtungen und Thesen haben sich als unzutreffend erwiesen:
Fraglich war, ob die Versicherung der Ansprüche der Unternehmen gegen die eigenen Organmitglieder zu Missbräuchen der D&O-Policen im Sinne von sogenannten „freundlichen Inanspruchnahmen“ führen würde. Befürchtet wurde, dass die Sorgfalt bei der Erfüllung der Organpflichten nachlässt und dass die Unternehmen ihr unternehmerisches Risiko auf die Versicherer und damit auf die Gemeinschaft der Prämienzahler abwälzen. Die Organmitglieder hätten eine Vollkaskomentalität und würden auf Kosten der Unternehmen lückenlosen Versicherungsschutz einkaufen. Wenn erst einmal Versicherungsschutz für Manager bestünde, würde das bis dahin nicht vorhandene Haftungsrisiko spürbar zunehmen: *„Deckung erzeugt Haftung!“* Haftungsrisiken gäbe es nur in den USA und nur dort bräuchte man eine D&O. Nur dort hätten Aktionäre starke Rechte. In dem sogenannten Rest of World (ROW) wären die Drittansprüche und insbesondere die Ansprüche der Aktionäre ein unbedeutendes Risiko. Nur die Innenverhältnisansprüche seien im ROW relevant und durch Haftpflichtversicherungen grundsätzlich nicht versicherbar. Denn alle Haftpflichtversicherungen würden im Innenverhältnis nicht funktionieren können, weil diese ein Dreiecksverhältnis voraussetzen. Bei der D&O würden aber Versicherter und geschädigter Dritter – m.a.W. das Organmitglied und dessen Unternehmen – zu einer Einheit verschmelzen und gemeinsam gegen den D&O-Versicherer vorgehen. Die D&O-Police sei eine Tresorpolice und dürfte im Konzern nicht bekannt gemacht werden. Die Versicherungssumme müsste geheim gehalten werden, denn ansonsten würden die Anspruchsteller sich an deren Höhe und nicht mehr am Privatvermögen der Organmitglieder orientieren. Die D&O würde den Kreis

der räuberischen Aktionäre vergrößern und Sammelklagen und sonstigen aus den USA bekannten Übertreibungen im Haftungssystem Vorschub leisten.

In den letzten Jahren wurden andere Thesen diskutiert. Auch diese können hier nur kurz angesprochen aber nicht diskutiert werden. Die folgenden Thesen sind m.E. falsch und bzw. oder können in der Praxis nicht umgesetzt werden:

Der Aufsichtsrat bräuchte eine eigene D&O-Police. Diese sogenannte Two Tower Lösung wäre eine logische Konsequenz aus dem Two Tier Board System, d.h. der Trennung vom Kontroll- und Verwaltungsorgan im deutschen Gesellschaftsrecht. In allen sog. Non-admitted-Ländern, in denen der D&O-Versicherer keine D&O-Lizenz hätte, müssten Lokalpolicen abgeschlossen werden, um die Compliance mit dem ausländischen Versicherungsaufsichts- und Steuerrecht sicherzustellen. Der Pflichtselbstbehalt nach § 93 Abs. 2 Satz 3 AktG, der ein D&O-Versicherungsverbot für Unternehmen bis hinauf zur Untergrenze von 10% des Schadens oder dem 1,5fachen Jahresfestgehalt des Vorstands vorsieht, müsste mit einem Verbot der individuellen D&O-Versicherung dieses Selbstbehaltes versehen werden. Anderenfalls würde der Zweck des Gesetzes nicht erreicht und die wirtschaftliche Drohung der persönlichen Haftung wirkungslos. Nur ein höheres Haftungsrisiko könne die Pflichterfüllung sichern.[16] Unternehmen dürften die Prämien nicht als Betriebsausgaben geltend machen. Die vom Arbeitgeber finanzierten D&O-Prämien müssten anteilig den versicherten Personen als vermögenswerter Vorteil[17] zugeordnet und nach dem Einkommensteuerrecht behandelt werden. Der Aufsichtsrat sei für die D&O des Vorstands und die Hauptversammlung für die D&O des Aufsichtsrates zuständig.

Die Angst vor „freundlichen Inanspruchnahmen" und einem Transfer des unternehmerischen Risikos auf die D&O-Versicherer hat sich nicht realisiert. Außerhalb der USA muss die D&O nicht mit einem Ausschluss für Innenverhältnisansprüche versehen werden, weil dort der Schutz vor dem

16 § 93 Abs. 2 Satz 3 AktG im Jahre 2009 erinnert an die Intervention des preußischen Innenministers gegen die D&O im Jahre 1886. Weltweit ist das einmalig. Anders als in Deutschland gibt es z.B. in den USA und im UK im Gesellschaftsrecht Erlaubnisnormen zur Enthaftung und zur Versicherung der Organmitglieder. Nimmt man dann noch das *Enthaftungsverbot* in § 93 Abs. 4 Satz 3 AktG hinzu, wird die deutsche Verbotskultur bezüglich des Schutzes der Organmitglieder vor Haftungsrisiken erkennbar. Das ist bei Wirtschaftsprüfern z.B. anders gem. § 323 Abs. 2 HGB.

17 *Kästner*, AG 2000, 113.

einzelnen Aktionär und vor den Wucherungen des Justizsystems der USA noch funktioniert. Innerhalb der USA sind die D&O-Prämien zwar um das Zwei- bis Dreifache höher als in den anderen modernen Industrieländern, in denen sich die D&O inzwischen etabliert hat. Aber auch dieses viel größere Prämienvolumen in den USA reicht dort nur für die Versicherung von Außenverhältnisansprüchen.
Insgesamt ist die D&O-Versicherung in- und außerhalb der USA in den letzten Jahrzehnten profitabel verlaufen.
Die Organmitglieder haben keine Vollkaskomentalität. Lediglich 5% der betroffenen Organmitglieder haben ihren Pflichtselbstbehalt in Höhe von 10% des Schadens oder dem 1,5fachen Jahresfestgehalt über eine persönliche D&O-Police versichert. Dieses geringe persönliche Schutzbedürfnis hat alle am Versicherungsmarkt agierenden Teilnehmer 2009 sehr überrascht.
Die D&O-Police hat sich aus dem Tresor des Mutterunternehmens befreit. Dazu beigetragen haben die Auskunftsansprüche der versicherten Personen sowie die Compliance-Anforderungen bei der Ausgestaltung der internationalen Versicherungsprogramme. Die Verschaffungsklauseln in den Dienstverträgen der Organmitglieder[18] sind von der Erwartung einer sehr guten Unternehmens-D&O getragen. Die Frage, „Ob“ eine D&O besteht, stellt sich bei der Rekrutierung von Unternehmensleitern nur noch selten z.B. bei Familienunternehmen. Es geht nur noch um die Frage, wie gut diese D&O ist und ob diese geprüft werden kann.
Die D&O ist vereinfacht ausgedrückt eine Berufshaftpflichtversicherung für die Organmitglieder. Bei börsennotierten Aktiengesellschaften in den USA kann man in der D&O auch eine Art Produkthaftpflichtpolice für das Produkt „Aktie“ sehen. Alle Länder, in denen sich die D&O inzwischen ausgebreitet hat und welche eine praktizierte und nicht nur in den Gesetzbüchern vorhandene Organhaftung aufweisen, sind relativ demokratisch und rechtsstaatlich verfasst. Je schlechter der Rang eines Landes im Korruptionswahrnehmungsindex[19] ist, desto geringer ist regelmäßig die Verbreitung der D&O. Dass in Deutschland im Vergleich zu den USA eine schwache Aktionärskultur und eine kleinere Marktkapitalisierung beklagt werden, hängt auch mit dem geringeren Schutz der deutschen Aktionäre zusammen. Bei der D&O-Einführung in Deutschland hatte man erwartet, dass es zu deutlich mehr Aktionärsklagen kommen würde. Die

---

18 Dazu *Seyfarth* in Krieger/Schneider, Handbuch Managerhaftung, Rz. 9.20, 3. Aufl. 2017.
19 http://www.laenderdaten.de/indizes/cpi.aspx.

Realität blieb hinter diesen Erwartungen zurück. Der Aktionär als „Wahrer des Rechts" hat sich aus vielen guten Gründen zurückgehalten. Dass die StrafRS und insbesondere die D&O später einmal die Entwicklung der Corporate Governance und der Compliance beflügelt würden, hatte man bei der Genehmigung dieser Produkte in den 80er Jahren noch nicht vorhersehen können.

FSC
www.fsc.org
MIX
Papier | Fördert
gute Waldnutzung
FSC® C083411

Kolibri 360 GmbH
Ferdinand-Jühlke-Straße 7
99095 Erfurt, Deutschland
produktsicherheit@kolibri360.de